RADIUS BÜCHER

Marietta Peitz

Gott leiht nicht – er schenkt

Begegnungen mit Blinden in vier Kontinenten

Redaktion: Wolfgang Erk

CIP-Kurztitelaufnahme der Deutschen Bibliothek

Peitz, Marietta:
Gott leiht nicht, er schenkt: Begegnungen mit Blinden in 4 Kontinenten / Marietta Peitz.
– Stuttgart: Radius-Verlag, 1980.
(Radius-Bücher)
ISBN 3-87173-581-7

ISBN 3-87173-581-1

Umschlag: Wolfgang Ladiges, Hamburg
Gesamtherstellung: Clausen & Bosse, Leck
Printed in Germany

Vorwort

Die Schriftstellerin Marietta Peitz hat auf ihren vielen Weltreisen, die sie als Journalistin für Zeitungen und Zeitschriften, für Rundfunk und Fernsehen unternimmt, in vier Kontinenten auch Einrichtungen der Christoffel-Blindenmission besucht. Die Begegnungen, die sie in Latein-Amerika wie in Afrika, in Asien wie auch im Rheinland – dort also stellvertretend für Europa – mit unseren blinden Schützlingen hatte, sind für Marietta Peitz so eindrucksvoll gewesen, daß sie darüber geschrieben hat. Und so ist dies kleine Büchlein entstanden, über das sich CBM-Freunde vermutlich genauso freuen, wie ich selber mich darüber gefreut habe. Hier wird von einer Frau, die viele erfolgreiche Bücher geschrieben hat, ein Einfühlungsvermögen gezeigt, die Problematik der Behindertendiakonie in den wirtschaftlich benachteiligten Gebieten unserer Welt verständnisvoll, warmherzig und »gewinnend« darzustellen. Denn es ist wichtig für die vielen Millionen lichtlosen und hoffnungslosen Mitmenschen rund um die Welt, daß sie noch mehr Freunde »gewinnen«, die sich aus Einsicht, Dankbarkeit und Mitverantwortung heraus für sie einsetzen. Marietta Peitz hat dies buchstäblich »erfahren«, als sie unterwegs war. Sie selbst ist »gewonnen« worden, und zwar in der persönlichen Begegnung mit dem Schicksal vieler einzelner blinder Menschen. Und sie hat Beauftragte der Christoffel-Blindenmission getroffen, die mit Herz und Sachverstand tatkräftig dabei waren, den Nichtsehenden die Frohe Botschaft von Gottes Liebe sichtbar und glaubhaft zu machen.

Wir danken Marietta Peitz für dies Geschenk, das sie uns auf diese Weise gemacht hat. Und wir danken auf diesem Wege auch allen Mitarbeitern im In- und Ausland, die mit Wort und Tat beweisen: Gott leiht nicht nur, er schenkt – schenkt zum Weiterschenken.

Siegfried Wiesinger
Leiter der Christoffel-Blindenmission

Statt einer Einleitung: *Zwei Szenen*

Ein schwüler Vormonsuntag in Indiens Hauptstadt Delhi. Durch die immer verstopften Straßen schiebt sich ein Menschenzug auf die Residenz der Ministerpräsidentin zu. Es sind Krüppel und Blinde dieses an Gebrechen so reichen Landes, die eine Bittschrift übergeben wollen. Bitte um eine Arbeitslosenunterstützung für die Behinderten – die paar Rupien zum Überleben! Plötzlich Polizei; Fußtritte und Knüppel, erbarmungslos. Hundert Verletzte melden die Zeitungen am anderen Morgen, ein Viertel davon schwer. Hundert Verhaftete! Ein erbärmliches Schauspiel! Drei Tage später wird es sich in der Provinzhauptstadt Chandigar wiederholen.

»Paul, wie sieht Ihre Frau aus? Bitte versuchen Sie, uns Rose zu beschreiben!« Er tut einen Schritt nach vorn, hebt die Arme, umgreift das verlegene junge Gesicht mit beiden Händen, tastet die Stirn ab, die Augen, die sehen können, wo er nicht sieht, die Lippen, den Halsansatz mit dem Kettchen, das zu einem festen Zopf im Nacken geflochtene Haar. Seine Fingerspitzen werden ganz schmal in der Anstrengung des Erkennens, des Deutens. »They say, she is pretty – man sagt, sie sei hübsch«, murmelt Paul eher zu sich selbst als zu uns. Dann lächeln beide, der Blinde, die Sehende und in diesem Lächeln hängt auch noch das Baby Jonathan wie in einer Wiege.

Zwei Szenen – eine der Gewalt, eine der Zärtlichkeit! Daß die eine nicht mehr geschieht, damit die andere geschehen darf – dafür arbeitet die CBM, die Christoffel-Blindenmission.

Marietta Peitz

Dreihundert Tage Sonne in der Nacht

In Arequipa/Peru bauen sich blinde Indianer ihren Weg ins Leben

Fliegt man von Lima, der Hauptstadt des Andenstaates Peru, nach Arequipa, läßt einen die im Zusammenprall von Wasser und Land dunstig verschwimmende Landschaft den Atem anhalten: Meer und Wüste, ein Schaumstreifen Küste, Steine und Sand. Ein Naturereignis im Vorhof der Anden, menschenfeindlich, großartig, abweisend. Kaum eine Siedlung, von Zeit zu Zeit ein Blick auf die hier zu einer Piste vereinsamende PANAMERICANA, die Straße, die von Kanada bis zum Feuerland führt. Woher nimmt der Mensch nur den Mut, aus einem solchen Niemandsland sein Zuhause machen zu wollen? Woher nahmen Spaniens Konquistadoren die Kraft, mit ein paar Haudegen und erschöpften Pferden auf dem Weg über das Gebirge bis zu einem unbekannten Indio-Dorf vorzudringen, dem sie den Namen »Arequipa« gaben. »Arequipa Inha« – »hier bleiben wir«. So jedenfalls deuten viele den Namen. Und wenn es nicht stimmt, ist es wunderhübsch erfunden. Der Blick aus der Vogelperspektive nämlich enthüllt, daß hier die Wüste plötzlich einem grünen, wasserreichen Tal weicht, 2000 Meter hoch gelegen, geschützt von der Bergkette der Anden, sonnenreich und doch kühl.

Am Flughafen südamerikanische Herzlichkeit, abrazos ... Señora Alice ist da und Schwester Elvira, die Oberin der Franziskanerinnen. Leicht in der Armbeuge der Madre liegt die Hand einer anderen Schwester, deren Gesicht mir sofort auffällt. Es ist heiter und hell wie der Name der Schwester: Maria Gracia. Maria Gracia ist blind.

Ich schaue in diese stillen, antwortlosen Augen und weiß, ich bin angekommen.

Arequipa – Symbol eines den Unmöglichkeiten abgetrotzten Lebens! Dem, der aus Europa kommt, fällt wohl zuerst die »indianische« Stille der Stadt auf: Höhenluft, Blüten, Vögel, ein schwingender, silbern betupfter Himmel. Dahinter zwei Bergriesen, auf deren Gipfeln sich Schnee und Wolken mischen; einer von beiden ist das Wahrzeichen der Stadt.

Am späten Nachmittag wage ich meine ersten Gehversuche in dieser so anderen Welt. Den Schwingungen der Straße folgend, die schließlich zu vielen kleinen, kopfsteingepflasterten Gäßchen ausfranst, finde ich mich plötzlich auf dem Hauptplatz, dessen eines Geviert nach spanischer Bauart immer die Kathedrale bildet. Bettler sitzen in der Eingangstür. Ein Mann, in einen Poncho gehüllt, singt. Eine jener schwermütigen indianischen Weisen, wie ich sie so oft in Indianerdörfern gehört habe. Neben dem Mann liegt die kleine Andenflöte, die rufen kann wie ein weinender Vogel. Der Mann ist jung, vielleicht 25 Jahre alt oder dreißig. Wie er vergeblich nach der Flöte tastet und ich mich bücke, um sie ihm zu reichen, hält sich mir ein zernarbtes Gesicht entgegen. »Gracias, Señor; Gott möge Ihre Bitten erhören!«

»Señor« – »Herr«, hat er gesagt. Wie sollte es auch anders sein: Er ist blind. Einer der vielen tausend Blinden von Arequipa, die sich einzig durch Betteln ein bescheidenstes Überleben ergattern können und in den Dunkelstellen der Stadt hausen, der Stadt mit dreihundert Sonnentagen im Jahr.

Die Stadt Arequipa hat eine Blindenschule, die als vorbildlich gilt. Rund 160 Erwachsene – meist arme Indianer aus den Bergen – sind in den letzten Jahren durch diese Schule gegangen. Sie bekamen dort neben einer normalen Schulausbildung auch handwerkliche Kenntnisse und lernten überhaupt, sich als solcherart Behinderte in ihrer Umgebung zurechtzufinden. *Ihre* Umgebung? Kann man das überhaupt so nennen? Vor langen Jahren hat der Rotary-Club von Arequipa am Stadtrand einmal eine kleine Straße gebaut, eingesäumt von Steinhäuschen, die aus einem einzigen Raum ohne Fenster und einem zimmergroßen Hinterhof bestehen. Die Straße heißt »Pasaje de los Pobres« – »Armenweg«. Von hier kommen viele der Blinden, die in der Schule Aufnahme finden und – hierher kehren sie nach zwei Jahren Schulung und Ausbildung zurück. Doña Alice begleitet mich von Wohnloch zu Wohnloch. Sie sagt: »Man muß das gesehen haben, um zu verstehen, wofür wir kämpfen! Gut, wir haben die Schule aufgebaut. Aber dann, wenn sie die Schule verlassen müssen, um

Platz für andere zu machen, was geschieht dann? Arequipa hat Zehntausende von gesunden Arbeitslosen; wer würde da schon einen Blinden anstellen? Nicht einmal einen Blinden, der lesen und schreiben kann! So fallen sie wieder in das Elend zurück, aus dem wir ihnen heraushelfen wollten, sie vergessen, was sie gelernt haben, sie vergessen sogar, daß sie Menschen sind; in ihrer materiellen Not werden sie wieder zu dem, was sie vorher waren: Bettler, manchmal auch kleine Gauner, die sich gegenseitig die Münzen aus der Tasche stehlen. Und es war alles umsonst!«

Im ersten Wohnloch hocken vier Menschen auf dem Boden; keine Möbel, nur Lumpen. Ein einziger, klebriger Kochtopf. Nicht eine Bettstatt! Auf der Schwelle zu dem von Gerümpel angefüllten Höfchen hockt die Indianerin Livia. Sie kommt aus Puno; das ist weit weg in den Bergen. Als Livia gerade geboren war, geriet ihr durch Unachtsamkeit Salz in die Augen. Die Eltern nahmen drei Tagesmärsche auf sich, um das Kind zum Arzt zu bringen. Der Arzt aber verstand den Indio-Dialekt nicht; die Eltern sprachen kein Spanisch. In ihrer Ratlosigkeit streuten sie dem Baby den roten Puder eines Indio-Quacksalbers in die Augen. Livia erblindete. Als sie vierzehn war, verschenkten die Eltern das Mädchen als Haushaltshilfe an einen Großgrundbesitzer. Livia heiratete einen Mann, der ebenfalls blind war. Der Mann hörte von der Blindenschule in Arequipa und eines Tages machte sich die inzwischen um vier Kinder größer gewordene Familie auf den Weg über die Berge. Mit Livia gab es Schwierigkeiten. Wie dies oft in abgelegenen Gegenden Lateinamerikas der Fall ist, hatten die Eltern ihr Kind bei der Geburt nicht registrieren lassen. So war Livia nach dem Gesetz »nicht existierend«.

Und etwas von diesem Nicht-Sein ist ihr bis heute geblieben. Jeden Tag acht Stunden lang steht Livia mit einem Bauchkasten voller Schnürsenkel, Kaugummi und saurer Drops an einer Straßenecke von Arequipa. Und oft genug geschieht es, daß sie ohne Ware und – ohne Geld nach Hause kommt. Man hatte sich bei der wehrlosen Blinden eben »bedient«.

In Loch Nummer 17 hausen Silvia und Santos mit ihren beiden Kindern. Ein drittes Kind ist unterwegs. Silvia und Santos sind blind, die Kinder nicht. Beide Eltern stammen – ausnahmsweise – aus Arequipa. Sie sind keine Indios, sondern Mestizen, Mischlinge. Als Silvia ein Kind war, wurde sie von irgendeinem Insekt ins Gesicht gestochen. Sie bekam eine Krankheit, mit der die Ärzte nichts anzufangen wußten. So sagten sie: »Laßt sie doch sterben!« Später nahm sich ein Augenspezialist des »interessanten« Falles an. Silvia lag fünf Jahre im Krankenhaus, wurde ein dutzendmal an den Augen operiert und diente auch sonst der ehrwürdigen Medizin als billige Versuchsperson. Eines Tages faßte sie den einzigen Entschluß ihres armen Lebens und lief davon. Schwestern fanden sie blind und zum Skelett abgemagert eines Morgens auf den Stufen ihres Klosters. In der Blindenschule lernte sie ihren späteren Mann kennen, Santos. Santos verlor sein Augenlicht mit 10 Monaten. Zunächst war es nichts weiter als eine unversorgte Erkältung. Dann kam eine Infektion hinzu. Da die Eltern kein Geld hatten, einen Arzt aufzusuchen, blieb auch die Infektion unversorgt. Und so weiter ... Armut, hier eine der häufigsten Wurzeln der Blindheit!

Das trifft auch für Lucio zu, einen Indio aus Cuzco. Sein ältester Bruder wurde blind geboren, er selbst erblindete nach einem Autounfall. Weil niemand dem 12jährigen half, der von einem Lastwagen in den Graben geschleudert worden war und dort zwei Tage und Nächte lag mit – wie er sagt – entsetzlichen Schmerzen. Lucio hat die Blindenschule mit Bravour bestanden. Jetzt hilft er beim Besenbinden in der kleinen Genossenschaft, zu der sich eine Gruppe von Blinden zusammengeschlossen hat. Auch Lucios Frau Juanita ist blind infolge einer Infektion. Das Kind – drei Jahre alt – läuft wie ein eifriger kleiner Pudel zwischen den Eltern hin und her. Von diesen Kindern wird noch zu reden sein.

Lucio ist einer jener Fälle, von denen Doña Alice gesprochen hatte: ein Aufleben in der Schule, plötzlich Lerneifer, nach einigem Zögern sogar Arbeitseifer, zum erstenmal Menschenwürde und das Gefühl, nicht ganz sinnlos in die Welt geworfen worden zu sein – dann Schulende und der Sturz zurück ins so unendlich leidvolle, stündlich neu zu lebende Nichts.

»Jetzt«, sagt Doña Alice nach dem zehnten Besuch bei den Ärmsten des »Armenwegs« – »jetzt fahren wir zu ›Luz y Alegría!‹«

»Licht und Freude« – »Luz y Alegría«! Gerät man, was einem als Tourist selten passiert, an die Peripherie von Arequipa, stößt man trotz der blendenden

Bergsonne weder auf wahres Licht noch auf wahre Freude. Die steinigen, weg- und wasserlosen Hänge sind übersät mit Elendshütten. Man erzählte mir, die Slumviertel von Arequipa hätten viermal soviel Bewohner wie die Stadt selbst, meist Zuwanderer aus dem Landinneren, die von den Erträgen ihres kargen Bodens nicht mehr hatten leben können und nun in der Stadt auf eine Chance hofften. Auch die Gegend »Cuidad Blanca« – »weiße Stadt« ist zunächst nichts weiter als eine Ansammlung von häßlichen kleinen Gebäuden mit kahlen Sandflächen dazwischen. Irgendwo endet die Buslinie, enden die Asphaltstraßen, steigt der Berg auf und dann entdeckt man am Fuß des Berges knallbunte, fröhliche Tupfen, die allmählich zu Menschen gerinnen; Indio-Frauen in den farbigen Trachten ihres Stammes, die Wäsche waschen und in großen Tonkrügen Wasser nach Hause tragen. Wasser!

Unwillkürlich muß ich an das »lebendige Wasser«, an die »lebendige Quelle« des Evangeliums denken bei diesem Bild inmitten der Öde. Und hier, neben dem Wasser, liegt »Luz y Alegría«.

Zunächst eine Ansammlung von einfachen Häusern in den verschiedensten Stadien der Fertigstellung. Auf der einen Seite wird eifrig gebaut, auf der anderen ein winziges Vorgärtchen geharkt, in dem bereits eine Rose blüht, dann kommt ein Tor, das sich vor mir auftut wie nach der geheimen Formel des »Sesam-öffne-Dich«, und ich stehe vor einem Rudel von Kindern und Halbwüchsigen, die mich neugierig anschauen oder auch durch mich hindurchschauen mit sanften, blinden Indianeraugen; ich grüße, Lachen auf der anderen Seite, und schon bin ich gefangen im magischen Kreis von Menschenwesen, die nach allen Himmelsrichtungen zerren, um mir etwas zu zeigen, was alles Gold der Welt nicht aufwiegt: IHR ZUHAUSE!

Bueno, beginnen wir bei der Besenbinderei. Stolz hatte Schwester Elvira vor ein paar Monaten geschrieben: »Wir machen die besten Besen von Arequipa!« Aufgeregt schieben mich die Kinder in einen Winkel: Tatsächlich – da stehen Hunderte von makellosen Strohbesen, einer vollkommener als der andere. Und gleich tritt auch ein junger Mann vor mich hin, sucht meine Hand, fragt, ob ich die Señora aus Alemania sei, die deutsche Dame – und wie ich bejahe, werde ich mit dem »Jahrhundertbesen« beschenkt, einem Wunder an Präzisionsarbeit, umgeben von der Gloriole der natürlichen Dinge, die ein Mensch mit der Zärtlichkeit seiner Hände und seines Herzens geschaffen hat.

In der Werkstatt selbst stagniert die Arbeit im Augenblick. Das für die Besenbinderei notwendige Stroh hat keine Saison; das Material im fernen Lima zu kaufen, würde die Produktion unnötig belasten.

Mein Besen-Gastgeschenk in der einen Hand, die Kamera in der anderen, acht Kinder am Rockzipfel, geht die Expedition weiter zur nächsten Halle. Dort werden große Zementsäcke zu handlichen Papiertüten für den Markt zusammengeschnitten. Wie das Besenbinden auch eine der klassischen Arbeiten für Blinde, doch in diesem Raum geschieht alles wie spielerisch, heiter. Kinder sind die Mittler zwischen den verschiedenen Arbeitsgängen. Ich schaue einem älteren Indio zu, der mit großer Geschicklichkeit einen Zementsack in seine verschiedenen Papierschichten auflöst und mir dabei das Gesicht zuwendet. Wie kommt es nur, daß Blinde oft ein so – ich möchte sagen – »befriedetes« Antlitz haben?

Ein Antlitz, von dem der Wirrwarr der Zeit abgefallen ist, die Gier nach noch mehr Leben, eine gewisse Nacktheit und Härte, die das sehende Auge zuweilen ausdrückt.

Ein-sicht! Ein Umraum von Stille! Nur das Papier raschelt, über das die Hunde laufen!

Ich erfahre, daß die Papiertüten sich gut verkaufen. Doch wieder einmal gibt es in Peru keinen Zement, und somit auch keine Zementsäcke; man arbeitet alte Vorräte auf – und dann? Auch der Weiterbau der Häuser droht zu stagnieren. Glücklicherweise hat Mutter Elvira rechtzeitig einiges an Reserven gekauft.

Fröhlich stupsen die Kinder mich über den noch baumlosen Sandhof weiter zur nächsten Halle. Dort wird getischlert. Mehr oder weniger alles, was die Wohn- und Arbeitsgemeinschaft von Luz y Alegría braucht, wird hier gefertigt. Ich staune über das stille Einfühlungsvermögen der Blinden, sich an den Werkbänken zurechtzufinden ohne sich zu verletzen. Verletzungen, bestätigt Jorge Kuba, der mit großem Geschick Bretter glatthobelt, seien in der Tat überaus selten. Doch auch hier die täglichen Engpässe eines Entwicklungslandes: Plötzlich sind in Peru die Holzpreise so sehr gestiegen, daß man in Luz y Alegría nicht mehr weiß, wie man das teure Rohmaterial bezahlen soll.

Wer in den mehr oder weniger geordneten Ländern Europas lebt, kann sich nicht vorstellen, mit welch täglicher Mühe hier eine Familie oder gar ein

Ausbildungszentrum wie dieses am Leben gehalten werden. Es ist, als wäre man in unendlicher Höhe, dort, wo jeder Schritt das Vielfache an Anstrengung erfordert wie ein Schritt im Tal. Wo jeder Atemzug die Kräfte des ganzen Körpers beansprucht ...

Wir kommen zu den Wohnhäusern, sauberen, für hiesige Verhältnisse geräumigen Steinbauten mit soliden Mauern und einem festen Dach, ein Stück Garten davor für Gemüse oder Hühner und Kaninchen ... und plötzlich drängen sich die Familien um mich: Jeder will mir *sein* Haus zeigen und die bescheidenen Schätze, die er angesammelt hat: hier eine ordentliche Bettdecke, hier ein Bild aus einem Kalenderblatt, hier zwei klapprige Stühle, hier ein wenig Küchengeschirr ...

Ich gehe von einem unverputzten Raum zum anderen, bewundere da ein Kissen und dort eine selbstgestrickte Jacke und denke: »Wie reich man doch sein kann, wenn man arm ist!«

Zehn Häuser hat man in LUZ Y ALEGRÍA bisher fertiggestellt. Das bedeutet: Zehn Familien von Blinden müssen nicht mehr wie Ratten in irgendwelchen Stadtlöchern hausen; müssen nicht mehr mit Bettlergebärde vor den Kirchtüren stehen und sich nicht mehr von einem Bauchladen ihre armselige Ware stehlen lassen.

Das bedeutet: Zehn Familien können zusammen leben und arbeiten, ihre Sorgen teilen und ihre Freuden, können sich gegenseitig helfen, Gemeinschaft entdecken statt Feindschaft, können mit der Geschicklichkeit ihrer Hände jene Würde erwerben, die heißt: »Ich kann meine Familie und mich selbst ernähren!«, und können schließlich zusammen darauf vertrauen, daß Gott ihren blinden Augen sein sehendes Antlitz zuwendet.

Viel Schicksal ist gebündelt in den festen Mauern der Häuser von Luz y Alegría. Ich sitze auf der Kante einer Bettstatt, in der drei Kinder schlafen und mache Notizen:

Haus A 1: Ehepaar Faustino und Gloria – Indianer aus den Bergen. Beide sind blind. Er kann große und kleine Gegenstände unterscheiden, sie erkennt Dunkel und Licht. Sie haben drei Kinder – alle sehend.

Haus A 2: Ehepaar Alejandro und Adriana. Er ist völlig blind. Sie ist sehend, ebenso sind es die sieben Kinder. Das jüngste Kind – ein Mädchen – starb.

Haus A 3: Zacarías ist völlig blind, außerdem an einem Bein gelähmt. Seine Frau starb vor kurzem; jetzt ist er allein mit sechs sehenden Kindern.

Haus A 4: Sebastian und Bibiana – Mestizen aus dem Hinterland. Sebastian erblindete nach einer Explosion in den Minen, die ihm zudem noch das halbe Gesicht wegriß. Bibiana, ebenso wie ihre fünf Kinder, sind sehend.

Haus A 8: Zenón und Alejandria, beide blind. Sie haben eine reizende sehende Tochter und erwarten ihr zweites Kind.

Haus A 9: Julian und Estefanía. Das Ehepaar hat drei blinde und ein sehendes Kind. Julian kann gerade Umrisse unterscheiden, Estefanía ist wohl unheilbar krank.

Das sind nur ein paar Stichworte aus der nie geschriebenen Leidensgeschichte eines Volkes, bei dem Armut und Reichtum so ungleich verteilt sind, daß es für die Blinden weder bei den Reichen noch bei den Armen einen Platz gibt. Wie viel nur erahnbare Vorgeschichte haben doch diese zehn Familien!

Zunächst das Schrecknis der Blindheit, das hier so oft einem Todesurteil gleichkommt, das Überflüssigsein in der eigenen, armen Familie, der Kampf ums Überleben, die Abhängigkeit von anderen, das Herumgestoßenwerden, das Suchen nach einer Handvoll Chance, nach Arbeit, vielleicht sogar nach Glück –

– dann die Blindenschule von Arequipa, in der man zwei Jahre lang geschützt ist, leben darf und lernen, wo man entdeckt, wie man mit seiner Behinderung zurechtkommen kann, und womöglich auch noch einen Lebensgefährten findet, wo man trotz allem Nichts-Haben und Nichts-Sein ein Mensch sein darf unter anderen Menschen ...

– und dann ...?

Das war die Frage, vor der vor einigen Jahren die Ordensschwestern des »Institutos« – wie die Blindenschule in Arequipa heißt – und Doña Alice gestanden sind. Was tun mit den Blinden und ihren Familien, wenn sie die Schule verlassen müssen, die ja ein Ausbildungsinstitut und kein Blindenheim ist?

Schritt für Schritt – geboren aus der Sorge um die Schüler von gestern und heute und aus der langjährigen Erfahrung im Umgang mit Blinden, wuchs der Traum von »LUZ Y ALEGRÍA«. Der Traum, für die Familien ein menschenwürdiges Zuhause zu schaffen und ihnen die Möglichkeit zu geben, sich durch ihrer Hände Arbeit selbst zu unterhalten. Denn ein abhängiger Mensch ist ein gedemütigter

Mensch, ein von Almosen lebender Armer ein doppelt Armer.

Ein Traum! Die Schwestern träumten ihn, Doña Alice träumte ihn, Freunde träumten ihn und – natürlich – die Blinden träumten ihn. Geld hatte keiner.

Tausend Gebete zum Himmel! Herr, erbarme Dich unseres Traumes und unserer blinden Mitbrüder, die nicht wissen, wohin sie gehen sollen!

Und weil Wunder nun einmal die Zusammenkunft von unverdienter Gnade und rechtem Bestürmen des Himmels sind – geschah es: Eine Dame der Gesellschaft von Arequipa stiftete das für den Kauf des Grundstücks nötige Geld. Die Schwestern dankten, kauften den Grund in der »Ciudad Blanca« und rannten mit ihren Bitten weiter den Himmel ein. Und die Freunde der Christoffel-Blindenmission, von der man gehört hatte, halfen mit Erfolg. 1973 konnten die ersten Werkstätten gebaut, die ersten Blinden im Besenbinden, Zimmern, Stricken und Nähen unterrichtet werden. Beim Bau ihrer Wohnungen halfen die Familien mit, so gut sie konnten. Und wurden – weil sie zum erstenmal sinnvoll etwas für sich selbst und die anderen tun durften, darüber zu anderen Menschen. Die »Jämmerlichkeit« fiel von ihnen ab; sie fingen an, sich ordentlich zu kleiden, regelmäßig ihren Aufgaben nachzukommen, ihr Familienleben in Ordnung zu bringen und oft genug auch ihre Jeremiaden mit Gott. Zum erstenmal in ihrem Leben hatten sie die Chance, dem Schicksal die Stirn zu bieten und etwas zu machen aus ihrer immer so beschämten Existenz. Neun der zehn Familien, die die ersten fertigen Häuser von Luz y Alegría bezogen, fügten sich wunderbar ein in die Ordnungen und Spielregeln der ihnen bisher so fremden Gemeinschaft. Nur eine Familie zog es vor, in die Ordnungslosigkeit zurückzukehren. Hunderte warten vor der Tür, warten auf Einlaß in das bescheidene Paradies von Luz y Alegría, über dessen Tor unsichtbar geschrieben steht: »Wir bieten euch nicht den Himmel auf Erden. Ihr müßt den Himmel zu euch herunterziehen!«

Gepriesen die mitfühlenden Menschen, die sich ernstnehmen lassen von Gott! Die seine Partner sein dürfen in einem größeren Rahmen als allein persönliches Konsum- und Wohlstandsstreben. Doña Alice ist Schweizerin, eine feine und zärtliche alte Dame, die ich auf der Terrasse ihres blumenüberwachsenen Häuschens frage: »Wie kam das alles?«

Sie schenkt mir ein Glas Saft ein und mag über sich selbst eigentlich so gar nicht recht reden. Schließlich tut sie es doch – in Bruchstücken, die ich mir heimlich zu einem Lebenslauf zusammenleime. Mag irgendwo ein Fehler sein, ich bin gewiß, Doña Alice wird mir vergeben.

Als blutjunge Frau – gerade mit einem Mineningenieur aus dem Sudetenland verheiratet, kam sie nach Bolivien, erlebte dort die Pionierzeit derer, die in den Silberminen in viertausend Metern Höhe zu arbeiten und zu leben hatten. Nach einigen Jahren übernahm Herr S. eine Silbermine hoch über Arequipa in eigener Regie. Er war oft monatelang abwesend. Doña Alice zog die beiden Kinder auf, einen Sohn, eine Tochter. Sie lernte es, selbständig zu handeln und mit ihrer fremden Umgebung zurechtzukommen. Als der Zweite Weltkrieg ausbrach, wurde sie krank, lag monatelang im Hospital. Da besuchte sie eine Freundin aus den Vereinigten Staaten und erzählte gesprächsweise, sie habe gerade die Braille-Schrift gelernt, um den Kriegsblinden in Amerika zu helfen. Doña Alice meinte, das sei eine gute Sache und machte sich selbst daran, die Blindenschrift zu lernen. Lächelnd erinnert sie sich heute, wie sie oft bei einem Besuch in den Minen ihres Mannes nachts bei Kerzenlicht gelernt hatte wie ein Kind: Punkt, Punkt, Punkt ...

Dann schrieb sie – Punkt, Punkt, Punkt – Briefe und Berichte für die amerikanischen Opfer des Krieges, und es dauerte bis 1945, ehe sie entdeckte, daß in ihrer eigenen Umgebung Augenkrankheiten und Blindheit an der Tagesordnung waren. Sie bat die Stadtverwaltung um einen Unterrichtsraum – erhielt auch ein winziges Kämmerlein irgendwo in einer Gasse – und begann, mit blinden Indio-Kindern Braille-Schrift zu üben. Mehr wollte sie nicht, aber es dauerte nicht lange, da standen am Abend immer mehr Blinde vor der Tür zu ihrem Unterrichtsraum, baten um Schulung und Hilfe. Der Bürgermeister von Arequipa stellte einen größeren Raum zur Verfügung, doch schon nach einigen Monaten genügte auch der nicht mehr. Außerdem sah Doña Alice, daß es mit dem Schreiben- und Lesenlernen bei diesen Armen allein nicht getan war. Hier mußte ein umfassenderes Programm aufgebaut werden. Doña

Alice informierte sich im In- und Ausland über die verschiedenen Modelle von Blindenschulen und erreichte es schließlich auch, daß die Stadtverwaltung ihr ein Grundstück zur Verfügung stellte. Doch ehe es zur Unterzeichnung der Dokumente kam, wurde die Regierung gestürzt. Wieder einmal eine offene, ungewisse Situation, während die Blinden still und hilflos weiter um Unterricht baten. Die nächste Regierung verpflichtete sich nach einigem Zögern, die Blindenschule zu bauen und verpflichtete auch gleich die Ordensfrauen des Hl. Franziskus von Lima – die dort auch eine Blindenschule unterhielten – für den Unterricht. Die Schule entstand, wuchs, wurde zu einem der Renommierprojekte der Regierung, während gleichzeitig Doña Alice und die Schwestern sich über die Zukunft ihrer Schüler den Kopf zerbrachen. Denn es gab nur *eine* Möglichkeit: Rückkehr ins Elend! Man versuchte, den Blinden Arbeitsplätze zu verschaffen; eine Zeitlang arbeiteten Blinde in der Radiostation von Arequipa – offensichtlich mit großem Erfolg. Doch bald wurden sie von arbeitssuchenden Gesunden aus diesem Job hinausgebissen. Und standen wieder auf der Straße, wohnten wieder in den Höhlen der »Pasaje de los Pobres«. Ein Teufelskreis!

In gemeinsamen Überlegungen entstand der Plan von Luz y Alegría. Als die Schwestern das Grundstück geschenkt bekommen hatten, wurde der Bischof von Arequipa zur feierlichen Grundsteinlegung eingeladen. Er kam, er legte den Grundstein, die Blinden sangen, ein paar Neugierige standen herum – das war der Anfang. Wie es nun weitergehen sollte, wußte keiner. Wieder einmal vertraute man auf die unvorhersehbare Hilfe Gottes. Und prompt kam sie in Gestalt eines Architekturstudenten aus Lima, der eine Doktorarbeit über eine »großräumige, noble Neusiedlung« machen sollte. Und damit unentgeltlich die Pläne für LUZ Y ALEGRÍA entwarf. Das war 1969. Jetzt, 10 Jahre später, sind die ersten Häuser bewohnt, wachsen die nächsten aus dem Sand, stehen Werkstätten und Gemeinschaftssaal, werden die ersten Rosen begossen und neue Kakteen gepflanzt, träumt man von schattenspendenden Bäumen und Gemüse im Garten und muß es hinnehmen, daß die ganze Siedlung von einer drei Meter hohen Mauer umgeben ist, denn dreimal hintereinander haben Diebe die Werkstätten der Blinden ausgeraubt. Alle Türschlösser, alle Türklinken sind über Nacht verschwunden.

Auch das ein Aspekt der Dritten Welt: daß es immer noch Ärmere gibt, die den Armen ihre bescheidene Habe neiden.

Noch – sagt Doña Alice, die zwischen ihren Blumen auf der Terrasse wie ein scheuer Kolibri aussieht – noch bleibt unendlich viel zu tun. Außer Betten und Tisch gibt es keine Möbel, die Küchen sind Rumpelkammern ohne Wasser, Elektrizität zu legen würde DM 20000 kosten, doch sind die Anfänge vielversprechend. Man kann den Unterschied spüren zwischen jenen, die »draußen« sind und denen, die in LUZ Y ALEGRÍA ein Zuhause gefunden haben. In der Siedlung ist die Selbständigkeit gewachsen, die Fröhlichkeit, das Gefühl von Hoffnung und Zukunft – ein Zustand, der vor allem auf die Kinder abfärbt. In der Wildnis der Städte, im Überlebenskampf werden sie leicht zu kleinen Räubern, zu streunenden Hunden, die sich irgendwie, irgendwo ihre tägliche Beute holen. Im Zentrum dagegen haben sie Lebensraum, einen großen, wenn auch noch unbepflanzten Spielhof, ein Bett, Kameraden, sogar einen Fußball. Sie lernen, den Blinden zur Hand zu gehen und Verantwortung zu übernehmen.

Jetzt, wo es um etwas geht, das nicht mehr ihre Person, sondern ihr Lebenswerk ist, erzählt Doña Alice, ohne daß ich sie dazu ermutigen müßte. Nur zwischen den Zeilen sozusagen erfahre ich, daß der Ehemann von Doña Alice an Krebs gestorben ist, daß die Kinder heute in Mexiko und in den USA leben, daß sie allein mit einer treuen alten Peruanerin ihr Blumenhaus bewohnt, wenn auch im Schutz ihres Nachbarn, des deutschen Konsuls, der ihr Schwager ist und beim Aufbau von Blindenschule und Lebenszentrum so manche diskrete Hilfe geleistet hat. Sechsundzwanzig Jahre sind es nun, daß Doña Alice mit den Blinden arbeitet, eine Arbeit, die sie jung und nachdenklich gehalten hat. Und ein wenig außerhalb des trägen Gesellschaftslebens von Arequipa. Seit die meisten Ausländer Peru verlassen haben, sind die großen Gesellschaften von ehedem selten geworden. Und die Bridgeparties der peruanischen Damen benützt Doña Alice gern dazu, um das »große Los« spielen zu lassen. Das große Los heißt für sie: den anderen helfen! Im Augenblick ist es ihr Ehrgeiz – und der der Schwestern –, bis zum Jahresende 30 Wohnhäuser fertig zu haben. Denn so viele warten.

Mein letzter Tag in Arequipa. Ich schaue der blinden Schwester Maria Gracia zu, wie sie Frauen und

Kindern Strickunterricht gibt. Schwester Maria Gracia, Spanierin, ist nicht blind geboren, sondern blind geworden. Sie trägt ihr Blindsein wie einen Blumenstrauß, an dem alle riechen dürfen. Wirklich, ich finde für diese Frau kein anderes Bild. Jede ihrer Gebärden ist Helfen, Geben, Lächeln und – unvergleichlich – Sich-Helfen-Lassen! Maria Gracia liebt die Arbeit bei LUZ Y ALEGRÍA. Hier ist sie, wo Gott sie haben wollte, wie sie selbst sagt. Ihre Blindheit empfindet sie weder als »Geschlagensein« noch als Buße, sondern als das schwere Geschenk des »inneren Auges«. Sehen dürfen, was andere nicht sehen! Mit der Empfindsamkeit der Fingerspitzen die Welt erfahren! Mit der Stille eines unabgelenkten Sehens das Tun Gottes im Menschen lernen. Schwester Maria Gracia ist der heimliche Mittelpunkt von LUZ Y ALEGRÍA. Wo die anderen eifrig planen und bauen, organisieren und tadeln, sitzt sie rund und heiter inmitten einer Woge von bunter Wolle und segnet alles Tun durch ihr bloßes Dasein.

Kinder!

Sehende Kinder von Blinden, blinde Kinder von Sehenden!

Kinder!

Im Zentrum LUZ Y ALEGRÍA sind sie es, die meine Aufmerksamkeit am stärksten fesseln. Einmal sind sie wie Vögel des Himmels, die flatternd die Winde anzeigen, dann wieder überwache kleine Nagetiere, denen nichts entgeht, was geschieht, und schließlich jene biblischen Gestalten, von denen die Bibel nicht spricht: die, die den Lahmen, den Tauben, den Blinden mit untrüglichem Instinkt an jenen Wegrand führen, an dem Christus vorübergehen muß. Jene, die im Namen ihrer blinden Väter und Mütter rufen: »Herr, erbarme Dich über uns alle!« Jene, die an der ersten, namenlosen Verwirrung des Geheilten teilhaben und seinen Stock halten in der Ungewißheit darüber, ob er nicht doch noch gebraucht würde.

Die Kinder von Luz y Alegría: frech, fröhlich, aufgeweckt und gelegentlich auch profitsüchtig, sind zugleich mythologische Gestalten, Mittlerfiguren zwischen der Innenwelt und der Außenwelt, zwischen der Einsamkeit des Nicht-Sehenden und dem Büschel Stroh, das ihn an die Erde zurückbindet. Kinder, denen die Aufgabe anvertraut ist, zwischen der licht- und dinglosen Welt ihrer Eltern und dem sonnenüberfluteten Draußen die Brücke zu schlagen! Kinder, die sich strecken und mir den Kopf herunterziehen, damit der Vater mein Gesicht betasten kann. Kinder, die der Mutter flüsternd beschreiben, wie die »Señora aus Alemania« aussieht und wie Murmeltiere einen Warnruf ausstoßen, sobald ich zu fotografieren versuche. Kinder, die mich anbetteln um ein paar Bonbons und im nächsten Moment ihre kostbare Banane mit mir teilen! Kinder – hier oft erwachsener als die blinden Erwachsenen, kluge Helfer der Eltern, frühreif und hellhörig, begabt mit vielen Augen wie ein Tier aus der Tiefe des Meeres. Das ganze Zentrum schwingt im Rhythmus dieser Kinder, die dann irgendwann leise davongehen, einen viel zu großen Tonkrug auf dem Kopf – und Wasser holen für die Bedürfnisse des Tages. Die dann irgendwann hinter einer Strickmaschine sitzen, stumm und angestrengt, und Maschen zusammenholen für eine Jacke, die bei dem nächsten öffentlichen Verkauf hoffentlich nicht liegenbleiben wird. Die dann wortlos die Hand des blinden Josua zurückziehen vor der Hobelmaschine in der Werkstatt und Livia das Büschel Stroh in die Hand drücken, das sie für ihren Besen braucht.

Kinder, die geduldigen und doch nie ganz gezähmten Hirtenhunde dieser Blindenkolonie; ohne sie wäre der letzte Schritt der Blinden undenkbar, und noch mehr – der nächste!

Im Hof erwartet mich eine Gruppe von Menschen – Männer mit Stöcken, Frauen, viele Kinder. Sie wollen mit mir sprechen. Mit *mir?*–» Ja, Señora, mit Ihnen!«

Ein wenig betreten deute ich auf den einzigen Schattenwinkel, der sich jetzt gegen Mittag zu einem winzigen Quadrat verkürzt hat. Wir setzen uns in den Sand. Ein Blinder – er ist in Fetzen gekleidet – tritt vor mich hin mit großer Würde.

»Ich bin Abraham; ich komme aus der Sierra. Das ist Basilia, meine Frau. Als sie zwanzig war, erblindete sie. Wir hatten kein Geld, sie behandeln zu lassen. Wir haben neun Kinder ... Mit Gottes Hilfe, gebt uns ein Haus!«

Dann steht eine Frau auf; sie mag 30–40 Jahre alt sein, aber sie sieht aus wie sechzig. Bevor sie zu reden anfängt, will sie mir die Hand küssen. Voller Verlegenheit ziehe ich die Hand zurück.

»Ich heiße Estella. Mit fünfzehn wurde ich blind. Das war in einem Krankenhaus. Ich war dort, weil ich nur noch 35 Kilo wog. Ich stürzte. Dann bekam ich Gehirnhautentzündung und meine Augen sahen nichts mehr. Dreimal hat man mich operiert, ohne

Erfolg. Vor zwei Jahren ist mein Mann gestorben. Ich habe drei Kinder. Ich arbeite als Wäscherin... Um der Barmherzigkeit Gottes willen, Señora, gebt uns ein Haus!«

Der nächste, der aufsteht, ist ein Junge, Manuelo! Ein Blitzschlag in die Berghütte scheint der Grund für seine Blindheit gewesen zu sein. So sagt er wenigstens. Auf dem Land gibt es keinerlei Fürsorge für die Blinden. So kam er in die Stadt Arequipa – verkauft Lose! »Gott ist groß, Señora – wir sterben, wenn man uns hier nicht aufnimmt...

So geht das weiter. Ich fühle mich in einem Leerraum zwischen Himmel und Hölle, zwischen Erbärmlichkeit und unglaublicher Würde ... Ich fühle mich auf der Erde der Menschen, dieser Erde, die bewohnbar zu machen für alle unsere Aufgabe ist.

Bewohnbar für Pancho. Er war Bergarbeiter. Mit 24 Jahren hatte er einen Unfall in den Minen. Niederbrechende Steine zerquetschten seine Hand, zerschlugen sein Gesicht. Pancho hat fünf Kinder. Auch er verkauft Lotterielose auf der Straße und wird ständig ausgeraubt.

Dann ein altes Indianerpaar aus Puno: Cuancancho wurde von einem Vorarbeiter auf einer Farm so sehr mit dem Stock geprügelt, daß er erblindete. Sechs Monate lag er im Krankenhaus, auch er ein Versuchskaninchen der Ärzte. Dann setzte man ihn auf die Straße, jene Straße, in der seine blinde Frau Dolita und die sechs Kinder bettelten. »Beim Blute Christi, Señora – wir haben keinen Pfennig Geld. Unsere Kinder hungern! Wir hausen im Winkel eines Schafstalls am Rande der Stadt und auch dafür müssen wir noch bezahlen ..«

Die, die »draußen« sind! Eine halbe Stunde später, im einfachen Gemeinschaftsraum von Luz y Alegría, erlebe ich die, die »drinnen« sind: etwa 40 Personen des Zentrums haben mich zu einer Versammlung eingeladen. Spontan, ohne in vorgeformten Sätzen zu sprechen, danken sie. Nicht mir, sondern den Spendern der Christoffel-Blindenmission, die mitgeholfen haben, hier für die Ärmsten der Armen eine Heimat zu bauen. Madre Elvira benützt die Gelegenheit, ihren so selbständig gewordenen Schützlingen zu wiederholen, daß es nun *ihre* Aufgabe sei, mitzuhelfen, daß auch die anderen, die, die »draußen« sind, eines Tages ihren Platz in der Gemeinschaft finden werden. Als wir zum Abschied gemeinsam das Vaterunser beten, weinen alle. Ich auch. Ich schaue in diese Dank und Wärme ausstrahlenden Gesichter und denke: »Nichts auf der Welt hat so viel Zeichenkraft wie Tränen aus blinden Augen!«

Erstes Gebot: Freude!

In Kali/Kolumbien wurde aus einem Krüppelheim eine Modellschule für taube und blinde Kinder

Es war einmal –

eine Dame aus der reichen Oberschicht der Stadt Kali, die erbarmte sich des Volkes und baute ein Haus für die Blinden, die Lahmen, die geistig Behinderten, die Tauben. Bald kamen die Armen von weither aus dem Hinterland, um ihre Menschenbürde dort abzuliefern; was sollten sie sonst tun? Was sie verdienten, reichte ja schon kaum für die Gesunden.

Das war 1942. Damals wußte man in Kali noch nicht viel von modernen Heilmethoden, von Schulung und Rehabilitierung der Kranken; man ging mit ihnen um, wie man eben seit Jahrhunderten mit ihnen umgegangen war: Man gab ihnen ein Dach über dem Kopf, etwas zu essen und ab und zu ein bißchen Medizin. Mit anderen Worten: Das Haus war ein Asyl, eine Bewahranstalt für die, die sonst überhaupt keine Lebenschance gehabt hätten. Die Krankheit war nun einmal ein von Gott verhängtes Übel; von Heilung sprach keiner.

Dann starb die gütige, reiche Señora an Krebs und man vergaß, daß sie ja ein Haus voller Behinderter hinterlassen hatte.

Man vergaß es einfach!

Andere Erbstücke waren wohl interessanter.

Während einiger Jahre – so scheint es – haben die Behinderten dort nicht mehr gewohnt, sondern gehaust unter erbärmlichsten Umständen. Als zu viele Menschen starben, wurde schließlich die Stadtverwaltung von Kali auf die Zustände aufmerksam. Sie ließ das Haus notdürftig in Ordnung bringen und suchte einen Direktor.

Der »Direktor« wurde eine »Direktorin«. Sie trägt den melodischen Namen »Stella Basurto de García«, ist auch eine Señora der feinen Gesellschaft von Kali, die es eigentlich nicht nötig hätte, zu arbeiten, aber Doña Stella hatte keine Lust, hier nur einen gottgefälligen Ehrenposten zu übernehmen; schließlich war sie nicht nur die Ehefrau eines wohlhabenden Geschäftsmannes, sondern auch ausgebildete Pädagogin.

1973 übernahm sie die Leitung des Hauses, das von nun an »Instituto« heißen sollte.

Das erste, was sie tat, war, in das – im wörtlichsten Sinn – »heillose« Durcheinander der Behinderten Ordnung zu bringen. Die Gehörlosen wurden von den Blinden getrennt, die geistig Behinderten kamen in ein anderes Haus. Das Institut sollte seinen Asylcharakter verlieren und zu einer Ausbildungsstätte für Blinde und Gehörlose werden. Aber im ganzen Land gab es keine spezialisierten Lehrkräfte für eine solche Schule. So machte sich Doña Stella erst einmal selbst auf den Weg um die Welt, um in Argentinien und den USA, in der Schweiz und in Deutschland ähnliche Einrichtungen zu studieren und Ausbildungsplätze für künftige Mitarbeiter zu finden. Nachdem sie sich der Unterstützung der CBM vergewissert hatte, lud sie junge Schullehrerinnen von Kali zu einem Gespräch ein und fragte, wer an einer solchen Spezialausbildung interessiert sei. Viele meldeten sich. Heute hat das »Instituto« zwei Schulen – eine für Blinde, eine für Gehörlose – mit 20 hochqualifizierten Lehrkräften. Diese Lehrkräfte bilden nun ihrerseits den Nachwuchs aus, reizende junge Mädchen, die in koketter weißer Schwesterntracht überall durchs Haus flattern. Von der einstigen »Krüppelbewahranstalt« ist außer einigen baufälligen Gebäudeteilen, die zu renovieren das Geld fehlt, nichts mehr zu merken.

Ein Morgen im »Instituto«! Schon um sieben Uhr beginnt die Arbeit. Da der Unterricht sowohl für die Lehrer als auch für die Kinder eine große Anstrengung bedeutet, müssen immer wieder Spielpausen eingelegt werden. Im ersten Klassenraum lernen sechs gehörlose Kinder, wie man einkauft. Die junge Lehrerin entwickelt das Gespräch an einer Wandtafel.

»Was sagst Du, Antonio, wenn Du in ein Geschäft kommst?«

»Guten Morgen!«

»Und dann? Du willst doch etwas einkaufen. Was sagst Du?«

»Hay piñas?«

»No hay!«

»Aber doch, Antonio, es gibt Ananas! Was also antwortet die Verkäuferin?« Schweigen. Schließlich ein gequältes, dem ungeschulten Ohr kaum verständliches:

»Si – hay!«

»Also, es gibt Ananas. Gracia, jetzt machst Du weiter. Wie viele Ananas willst Du?«

Gracia nagt an ihren Zöpfen und müht sich zu verstehen, was von ihr verlangt wird. Verschiedene Male setzt sie zu einer Antwort an, doch nur ein Zischen kommt zwischen den runden, angespannten Kinderlippen hervor. Endlich:

»Piñas no hay!«

Ein Seufzer der Erleichterung. Wenn es nämlich keine Ananas gibt, ist das Einkaufsgespräch zu Ende.

Geduldig beginnt die Lehrerin von neuem; jetzt mit dem Einkauf von Seife.

Draußen im Hof übt ein junger Heilpädagoge mit zwei blinden Kindern »Treppensteigen«. Dann führt er die Kinder hinaus auf die wenig belebte Straße des Villenviertels und zeigt ihnen, wie man am Zaun entlanggeht und was man tut, wenn der Zaun plötzlich zu Ende ist. Zugleich soll das Gehör der Kinder geschärft werden: »Kannst Du ein Auto hören? Aus welcher Richtung kommt es? Wie weit ist es von Dir entfernt? Und wenn Du jetzt gar nichts mehr hörst, geh ruhig über die Straße ...« Einen Augenblick klammert sich Claudio, vielleicht sieben Jahre alt, an die Hand des Lehrers, dann, in einem Anfall von Mut, betritt er die Straße. Ab der Straßenmitte läuft er. Das ganze kleine, kaffeefarbene Mischlingsgesicht drückt Angst aus. Der Lehrer beruhigt. Man übt Gehen auf dem Fußweg. Die Kinder stolpern zwar ein wenig über ihre eigenen Zehen, aber doch weniger als ich, die Sehende, die heute morgen beim Betreten des Instituts der Länge nach hinfiel.

Eine Gruppe von etwa fünfjährigen Gehörlosen kommt gerade von einem Spaziergang zurück. Die Kinder sind fröhlich. Mir fällt auf, daß sie sich untereinander doch überwiegend nicht mit den so mühsam gelernten Worten, sondern mit Handzeichen und Knurrlauten verständigen. Als ich später eine Lehrerin danach frage, gesteht sie, daß dies tatsächlich ein Problem sei, dem man so leicht nicht beikäme. Außer im täglichen Sprachtraining. Im Klassenzimmer zwei sind die Wände voller Bildtafeln, didaktischem Material, das hier die Lehrer mit großem Geschick und bescheidenen Mitteln selbst erarbeiten. So wurde etwa aus einer Illustrierten ein Katzenfoto herausgeschnitten, an dem jetzt geübt wird.

»Das ist eine Katze! Die Katze hat vier Füße! Die Katze hat einen Schwanz! Wie macht die Katze, José?«

Und dann kommt stolz aus einem Kindermund ein verzerrtes »Miau«. Man spürt in den Sprachlabors, wo in ganz kleinen Gruppen gearbeitet wird, die fast übermenschliche Anstrengung von Lehrern und Kindern, von einem Wort bis zum nächsten zu kommen und dieses Wort auch noch verständlich auszusprechen.

Elternnachmittag im »Instituto«. Einmal in der Woche werden die Eltern von ehemaligen oder jetzigen Schülern zu einem Fortbildungskurs eingeladen. Zu diesen Kursen zu kommen, ist Bedingung für die Aufnahme eines Kindes. So sitzen an diesem überheißen Nachmittag ein Dutzend Mütter und ein bald gelangweilter Vater im Klassenzimmer und entziffern, was da auf der Tafel geschrieben steht:

– Erstes Gebot: Freude! Mit dem Kind lachen!
– Spontaneität im Ausdruck von Gefühlen
– Den gegenwärtigen Augenblick leben
– Zuneigung geben und empfangen
– Dem Kind ohne Vorurteile begegnen
– Ruhe ausstrahlen

usw. usw.

Der Unterrichtsstunde folgen praktische Übungen. Heute geht es um den Umgang mit Tieren. Weiß der Himmel, wo die Lehrerin die fünf kleinen Hunde aufgetrieben hat, die nun von Eltern und Kindern gemeinsam gewaschen werden, wobei jede Handlung in Worten ausgesprochen werden muß. »Das ist ein Hund – der Hund hat Pfoten – schau mal, jetzt ist der Hund naß – er ist voll Seife ...« Die Kinder freuen sich, die kleinen, immer wieder in ein Planschbecken getauchten Hunde winseln kläglich, den Müttern merkt man an, wie fremd ihnen dieses intensive Sich-Beschäftigen mit dem behinderten Kind ist und die Väter ... nun ja, die Väter!

Die Lehrerinnen beschweren sich bitterlich über das männliche Geschlecht. Kinder – das sei Frauensache, und *behinderte* Kinder schon zweimal! Diese Überzeugung sei noch immer weitverbreitet in der lateinamerikanischen Gesellschaft, nichts zu machen. Die Mehrzahl der Väter der nun einhundertfünfzig blinden und gehörgeschädigten Kinder des »Instituto« hätten noch nie ihren Fuß in das Haus gesetzt. Auch wenn man alles täte, um das alte Vorurteil abzubauen, ein behindertes Kind sei eine Familienschande. Was mich an diesen jungen Mädchen, die hier unterrichten, immer wieder überrascht, ist ihre Frische, ihre liebevolle Geduld mit den Kindern, ihre Sachkenntnis und ihre Bereitschaft, weit über das Soll hinaus für ihre Schützlinge dazusein. Sie werden vom kolumbianischen Staat nicht anders bezahlt als gewöhnliche Volksschullehrerinnen – also schlecht bezahlt. Und trotzdem sind sie mit Leib und Seele bei der Sache; Doña Stella ist mit Recht stolz darauf, so gut geschulte Mitarbeiterinnen zu haben, wie dies in Lateinamerika nur in wenigen Städten der Fall ist.

Kali, vor über vierhundert Jahren von den Spaniern gegründet, ist eine der am schnellsten gewachsenen Städte Lateinamerikas. Ein Alptraum von Stadt, dessen Betonburgen die hübschen Kirchen aus der Kolonialzeit zu ersticken drohen, ein Alptraum von zwei Millionen Menschen, von denen mehr als die Hälfte in Elendssiedlungen rund um den Stadtkern hausen. Und weil menschliche Arbeitskraft billig ist, hat sich viel Industrie in Kali angesiedelt. Die meisten Zuwanderer kommen aus der Hochebene, wo das alte Gesetz der Feudalzeit herrscht: hier reicher Großgrundbesitz, Zuckerrohrplantagen vor allem – dort landloser Saisonarbeiter! Wo die Ebene endet und Berge hinaufwachsen zu der Höhe ewigen Schnees, wohnen indianische Stämme.

Weder von den weißenscheuen Indios noch von den auf Arbeitssuche in die Stadt geflüchteten Landarbeitern kommt die Mehrzahl der behinderten Kinder im »Instituto«. Pastor Gerber, deutscher Auslandsseelsorger in Kali und einer der Bewunderer der Arbeit von Doña Stella, erklärt sich das mit einer gewissen Hoffnungslosigkeit der Ärmsten der Armen, einer Scheu, sich überhaupt einzulassen mit einer Institution. Auch Unwissenheit spielt eine

Rolle: dort – im fernen Hinterland – haben Eltern meist keine Ahnung davon, daß man einem behinderten Kind helfen kann. Krankheit ist noch immer »Fluch«; mit Blindheit wird man »geschlagen«; ein behindertes Familienmitglied ist ein Unglück mehr in diesem an Unglücken so reichen Leben. Auch ist die Schule in diesen Bevölkerungskreisen weithin unbekannt. Doña Stella plant eine Aufklärungskampagne in den Stadtrandvierteln von Kali; gleichzeitig aber ist die Kapazität des »Instituto« nicht unbegrenzt. Hier besteht ein Engpaß, über den sich die »Directora« den Kopf zerbricht.

Fast alle Kinder in der Schule kommen aus bescheidenen Verhältnissen, aus der Kleinbürger- und der unteren Mittelschicht. 20 pesos im Monat – das ist etwa eine DM – kostet das Schulgeld für die ganz Armen; 150 pesos zahlen die, die es zahlen können. Dreitausend pesos aber kostet ein Kind in dieser so arbeitsintensiven Schule. Wie das Defizit decken?

Wie immer hat Doña Stella große Pläne und ist auch energisch genug, sie durchzusetzen. Schon hat sie – deren gesellschaftliche Beziehungen weit reichen – einen Architekten gewonnen, der ihr einen »Wohnturm« entworfen hat. Die 48 Appartements sollen vermietet werden; im obersten Stockwerk soll ein diagnostisches Zentrum mit Behandlungsräumen, einem 10-Betten-Krankenhaus, einem Operationssaal und einem Schulungszentrum entstehen. Schon haben sich Ärzte in Kali bereit erklärt, an diesem Projekt unentgeltlich mitzuarbeiten. Die Überredungskünste der charmanten Doña Stella scheinen unwiderstehlich zu sein. Was ihr am meisten am

Herzen liegt, ist ein Programm vorbeugender Maßnahmen, ein »Erziehungsprogramm«, das gemeinsam mit Spezialisten durchgeführt werden soll und das bisher in ganz Kolumbien noch nicht existiert. Ein solcher Entwurf könnte eines Tages auch politische Bedeutung bekommen und die Sozialgesetzgebung in Kolumbien beeinflussen, meint Pastor Gerber und weist darauf hin, daß von den vielleicht 10 Augenärzten in Kali einer, möglicherweise zwei auch arme Patienten annehmen. Alle anderen kassieren deftige Honorare, die sich die Schicht, aus der Doña Stellas Kinder kommen, nicht leisten kann.

Letzter Tag im Institut. Doña Stella hat ihre Mitarbeiter um sich versammelt, wie sie dies jede Woche tut, leitet die Arbeitsbesprechung mit großer Sachlichkeit. Nachdem die wöchentlichen Probleme durchgesprochen sind, berichtet sie von neuen didaktischen Methoden, die sie kürzlich in Argentinien gesehen hat, zeigt Schaubilder vor, erkundigt sich bei den Kollegen nach Wert und Unwert eines französischen Arbeitsprogrammes für Blinde, überprüft kurz die Abrechnungen und bittet dann einen Vater zu einem Gespräch, wahrscheinlich, um ihn davon zu überzeugen, daß ein Kind eben nicht nur eine Mutter, sondern *Eltern* hat. Ich gehe über den Hof, der die Blindenschule mit der Gehörlosenschule verbindet, staune insgeheim über die Wandlungen der Doña Stella, die beim Mittagessen in einem luxuriösen Schweizer Restaurant mit mir über die Qualität dieses oder jenes Sherrys geplaudert hatte, um eine Stunde später im »Instituto« die strenge und kompetente Direktorin von 200 Menschen zu sein, die amerikanische Prospekte über Hilfsmittel für Blinde mit der gleichen Intensität studiert wie die Speisekarte –

– da lockt mich eine tiefe, wohltönende Stimme in ein Klassenzimmer. Ein blinder Lehrer erteilt dort Religionsunterricht und Gesellschaftskunde. An der Wand ein großes Schriftplakat: »Der Mensch ist ein soziales Wesen, von Gott darauf angelegt, in Gemeinsamkeit mit den anderen Menschen zu leben.« In dem Augenblick, wo ich leise hereinkomme und mich auf einen Kinderstuhl setze, wird dieser Satz abgefragt. Was bedeutet er? Eine Pause entsteht, Nachdenklichkeit, Überlegen. Schließlich schiebt ein wohl 10jähriger seine Beine unter dem Tisch zurecht, tastet nach dem Bleistift, als wollte er sich festhalten an dem Stückchen Holz und sagt: »Die *anderen* aber können die *anderen* sehen!«

Ein Baum mit vielen Zweigen

In Tiruchirapalli/Südindien erreicht der Dienst am Blinden bald auch das letzte Dorf

»Heimkommen« in die dampfende Windstille von Madras, neue Hotels, Uralttaxis vor der Tür, Gerüche voll Beize und Süße, und auf den Straßen der Innenstadt – dichtgedrängt und gelassen – ein Volk, das immer unterwegs zu sein scheint zu einem namenlosen Pilgerziel.

Heimkehr aber auch in die Zerreißung, das Bestürztsein, die Scham gegenüber dem Jungen, mit dem ich mich eine Weile am Flughafen unterhalte. Er bettelt nicht; er sucht sich nützlich zu machen bei Ankommenden und Abreisenden, sucht Arbeit, nicht Almosen, aber auch das wird ihm fast unmöglich gemacht von den wendigeren Großen, die wie Krähen auf das dünne Kind herunterhacken und ihm seine Beute – Touristenkoffer – abjagen. Diesmal ist Sanja mein erster Gesprächspartner auf indischem Boden. Was macht dein Vater, Sanja? Schulterzucken, kein Vater. – Zwei Geschwister, jünger. Die Mutter arbeitet als Kuli, erklärt Sanja mit straffen Armen, die andeuten, wie man eine viel zu schwere Last auf den Kopf hebt. – Schule? Ein Jahr, dann nicht mehr. Jetzt ist der Bruder an der Reihe. – Wo ist dein Englisch her? Aufgepickt! – Hast du heute schon etwas gegessen? Gestern, ja: Bruchreis! Und –? Kein »und« ...

In dieser Nacht kostet mein Hotelzimmer mehr, als Sanjas Mutter in fünf Kulimonaten verdienen kann. Der Widerspruch, dieser hilflose, haltlose, nicht annehmbare, schauderhafte Widerspruch reißt von neuem auf.

Meine achtzehnte Indienreise!

Trockenzeit in Tamil Nadu – endlose Trockenzeit. Das Flußbett des Cauvery ist leer bis auf ein paar Rinnsale, in den Brunnen schwimmt eine trübe Flüssigkeit, die mit Wasser kaum mehr etwas zu tun hat. Zwölf Stunden am Tag schlägt die Sonne lautlos und unerbittlich auf die Erde ein, bis sie aufbricht in tausend Krusten, auf denen kein Halm mehr wächst. Dorniges nur noch, steifes Gebüsch, an dem die Ziegen sich wundlecken. Kleinbauern und Landarbeiter hungern. Der indische Teilstaat Tamil Nadu gehört zwar nicht zu den ärmsten, wohl aber zu den armen Gegenden Indiens. Nur entlang des mächtigen Flußbetts kann das Land bewässert werden; dieses Land gehört den Großgrundbesitzern. Ungerechte Einkommensverteilung und Akte der Gewalt sind an der Tagesordnung. Im Thanjavur Distrikt, nur sechzig Kilometer von Tiruchirapalli entfernt, verbrannten 1968 Großgrundbesitzer zweiundvierzig »Unberührbare« bei lebendigem Leib, nur weil diese Saisonarbeiter einen Tageslohn von vier statt, wie bisher, drei Rupien gefordert hatten. Für drei Rupien kann man auf dem Markt ein Kilo und 250 Gramm Reis kaufen ...

»All das macht verständlich, warum es für unsere

Arbeit so entscheidend ist, bis zu den Dörfern vorzudringen, um wirklich die Unversorgten und Armen zu erreichen«, sagt Mister Michael, der mit uns den Arbeitsplan der nächsten Tage bespricht. Mister Michael ist der vielgelobte, dynamische indische Vertreter der Christoffel-Blindenmission für ganz Südasien. Vom Arbeitsprogramm begreifen wir zunächst nur, daß es viel zu sehen, viel zu tun geben wird. So bitten wir unsere Gastgeber, uns zunächst einen Überblick, eine helfende Einführung zu geben. Mister Michael lacht, putzt seine Brille. »Soll ich bei meinem linken Auge beginnen, beim Distrikt Tiruchirapalli, bei Indien, Asien oder beim Weltproblem Augenerkrankungen und Blindheit?«

»Was ist mit Ihrem linken Auge, Mister Michael?« – »Es ist beinahe blind. Ich war neunzehn, als mich ein Ball traf. Damals lebten wir in einem Dorf im Landinneren. Weit und breit gab es keinen Arzt und einen Augenarzt schon gar nicht. So tropfte man mir das Blut eines geschlachteten Hahns ins Auge – drei Tage lang. Ja, so ist das hier – Unwissenheit! Womit wir beim Thema wären ...«

Das Thema: Armut, Ausbeutung, Ahnungslosigkeit – die drei großen »A«, die weite Teile der Dritten Welt noch immer beherrschen. Gerade hat die kritische Zeitschrift INDIA TODAY eine alarmierende Untersuchung über die Verelendung der Landbevölkerung veröffentlicht, ein Trend, der auch im Distrikt Tiruchi zu spüren ist. Dieser Statistik zufolge lebten 1960 38 % der indischen Kleinbauern und Landarbeiter unterhalb der Elendsgrenze. Heute, 1980, sind es über 70%. Dabei ist die Elendsgrenze (poverty line) schon tief genug angesetzt: zehn Mark pro Person pro Monat! Im gleichen Zeitraum ist die Zahl der Landlosen ebenfalls auf 70% angewachsen – ein Heer von entwurzelten, heimatlosen und unterernährten Menschen, die in gewaltigen Slumvierteln am Saum der Städte hausen.

Daß bei einem Monatseinkommen von weniger als zehn Mark (40 Rupien) auch nicht eine Paisa übrigbleibt für einen wie immer gearteten Gesundheitsdienst, daß schon eine Busfahrt zur Stadt eine finanzielle Überbelastung und eine physische Überforderung bedeutet, liegt auf der Hand. Abgesehen davon, daß ein erblindendes Auge gar nicht als Krankheit verstanden wird, sondern als eine der Selbstverständlichkeiten eines ohnedies stets ungnädigen Schicksals. Und wenn das Auge, wie dies häufig bei den Erntearbeiten geschieht, offen verletzt wird, nun, dann läßt man sich eben vom einheimischen Medizinmann das Blut eines Hahnes in die Wunde träufeln ...

»Stellen Sie sich einmal fünf oder sechs deutsche Großstädte vor, alle bewohnt von Blinden! Ein Schreckensbild! So viele Blinde aber hat Indien, ungefähr neun Millionen. Zwei Drittel dieser neun Millionen – denken Sie nur: zwei Drittel! – könnten ihr Augenlicht ganz oder teilweise wiederbekommen, wenn, ja wenn die drei »M« vorhanden wären und sinnvoll eingesetzt würden. Motivation, Men, Money – Motivation, Fachleute, finanzielle Mittel! Sechs Millionen Blinde sehend machen – wenn *das* keine Herausforderung ist, dann möchte ich wissen, wo das Gewissen der Welt geblieben ist und auch – unser eigenes, christliches Gewissen.

Doch damit nicht genug: Von den drei Millionen ›unheilbar Blinden‹ in Indien werden nur rund 20000 medizinisch versorgt oder menschlich betreut. Wir hier, im Distrikt Tiruchirapalli, kümmern uns um 5000 dieser Blinden. Das ist ein Viertel aller Betreuten – und doch nicht genug. Ich träume davon, unser Modell in andere Bundesstaaten zu tragen, nach Andhra Pradesh zum Beispiel; dort herrscht noch mehr Armut als hier... Wie weit reicht Ihre Phantasie, Mrs. Peitz? Können Sie sich eine Reihe von sechs Millionen Menschen denken, die vor einem Augenkrankenhaus auf ihre Operation warten? So viele nämlich müßten in Indien am Grauen Star operiert werden... Hier haben wir im letzten Jahr gerade 13179 Operationen geschafft. Nicht schlecht für den Anfang, aber wenn man bedenkt – sechs Millionen Menschen, entweder ›zum Sehen geboren‹ oder zur Blindheit verurteilt...

Sehen Sie, *so* versuchen wir hier zu arbeiten...«

Mister Michael malt einen großen Stern auf die Rückseite eines Reiseprospekts für »Abenteurer«, durch dessen Papier ein Elefantenkopf schimmert – »hier, die Mitte, gleichsam das ›Basislager‹, das ist das ›Dr. Joseph Eye Hospital‹...«

»Wer ist Dr. Joseph?«

»Der Mann, mit dem alles begann. Sie werden ihn kennenlernen.«

Der Mann, mit dem alles begann – Dr. Joseph Gnanadickam!

Jetzt sitzt er vor uns in seinem bescheidenen Zuhause, ist so alt wie dieses Jahrhundert, scherzt über meinen Versuch, ihn zu fotografieren – »nein, lachend bekommen Sie mich nicht; mir fehlen vorn ein paar Zähne« – und Mister Michael, der Weltgewandte, Weltzugewandte, wird zum demütigen Schüler, der sich einen Kinderstuhl heranzieht, um zu Füßen seines »Guru« zu sitzen.

Dr. Josephs Lebensgeschichte; er kann sie nur noch flüsternd erzählen; ein Gehirnschlag hat kürzlich Teile des Sprachzentrums gelähmt: Ausbildung als Militärarzt, dann jedoch rätselhafterweise vom Militär freigestellt, ein fertiger Doktor, arbeitslos während zehn Jahren in einem medizinisch so unterbetreuten Land, wie es Indien damals gewesen ist, schließlich Zusammenarbeit mit einem schwedischen Arzt, und für 90 Rupien monatlich (rund 25 DM) Allround-Doktor in einem Krankenhaus der Kirche. Im Jahr 1935 gab es im Distrikt Tiruchirapalli nicht einen einzigen niedergelassenen Arzt. Dr. Joseph versuchte sein Glück; bald blühte die Praxis. Das aber genügte dem engagierten Christen nicht; im Lauf der Jahre nämlich war er auf die zahllosen Augenkranken Südindiens aufmerksam geworden, für die es keinen Facharzt gab. So ging Dr. Joseph 1938 nach Wien, um sich dort als Ophthalmologe zu spezialisieren. Zehn Jahre später baute er im Herzen der alten Kulturstadt Tiruchi die erste Augenklinik auf einem Feld, das die Kirche für den Anbau von Erdnüssen benutzt hatte. Die Klinik, so erwies sich bald, war zwar notwendig, aber nicht genug. Die Kranken aus den weit entfernten Dörfern nämlich kamen nicht in die Stadt. »Wenn Moses nicht zum Berg geht ...«, überlegte Dr. Joseph, ging mit seinen Helfern in die Dörfer und begann das, was man später »Eye-Camps« nennen wird – Beratung und Behandlung von Augenkranken dort, wo sie leben. Doch in jedem Dorf gab es einige, denen nicht mehr zu helfen war mit den Mitteln der Medizin. Blinde – nutzlose Außenseiter einer Dorfgemeinschaft, die schon genug zu tun hat, um selbst zu überleben. Der Aufbau einer Blindenschule war die logische Folge aus dieser Einsicht. Doch bald erwies es sich, daß auch Blinde, die lesen und schreiben konnten, keine Arbeit fanden. Es gab genug andere Arbeitslose. Aus dieser Erkenntnis wurde geboren, was später das »Bishop Diehl Rehabilitation Home« werden sollte: Die erste intensive handwerkliche Ausbildungsstätte für Blinde im Süden Indiens. Und als Dr. Joseph seinen 75. Geburtstag feierte, machte er sich selbst das Geschenk einer neuen Einrichtung. Er gründete ein Ausbildungszentrum für blinde Frauen, das heute von einer seiner Töchter geleitet wird. Sagt Dr. Joseph: »Meine fünf Kinder – zwei sind Ärzte – und meine Frau sind dazu verurteilt, die Arbeit mit den Blinden weiterzuführen ...« Jetzt lacht er doch, und ich habe das Foto eines großen alten Mannes, der sich 1962 zwar von seinem Krankenhaus, nie aber von seinem Humor getrennt hat.

Lautlos ist inzwischen Ehefrau Patrice hereingekommen, bietet Getränke an und scharf gewürztes Gebäck. Was Dr. Joseph vor Besuchern nicht aussprechen würde, sagt Mister Michael, als wir wieder auf der Straße stehen: »Patrice ist eine großartige Frau. Ihr Leben lang hat sie nie etwas für sich gewollt. Immer nur für ihren Mann, die Kinder, die Kranken. Als Dr. Joseph das Krankenhaus der Kirche übergab, war sie einverstanden. Und ist heute einverstanden mit dem überaus bescheidenen Leben, das die beiden ›Alten‹ führen.«

Die Mitte des Sterns, der gestern auf den Prospekt gemalt wurde, ist ein Menschengesicht.

60000 Patienten sind 1979 vom »Dr. Joseph Eye Hospital« ambulant behandelt worden; 5012 Augenkranke wurden stationär betreut, 6707 Operationen durchgeführt. Beeindruckende Zahlen! Und doch ist das nur die Spitze des Eisbergs. Das Krankenhaus nämlich verfügt auch über eine der wenigen Augenbanken Südindiens und nimmt Transplantationen vor. Siebenundvierzig waren es in einem Jahr.

Eine Spenderbrücke ist eingerichtet worden zwischen Sri Lanka und Tiruchirapalli. Man sieht, das »Dr. Joseph Eye Hospital« ist auf der Höhe der Zeit. Und –

– zugleich auf der Ebene menschlicher Bedürfnisse und Nöte. Als letztes Jahr der Klinikbau erweitert wurde, richtete man im Erdgeschoß einen großen »Chatram« ein, etwas, das es leider, leider in europäischen Krankenhäusern kaum gibt: einen Wohnplatz für die Familienmitglieder des Patienten, die hier nicht aus dem Krankenhausleben ausgeschlossen werden wie häufig bei uns, sondern eine Reihe von wichtigen Aufgaben zu erfüllen haben. Menschliche zunächst: Der oft aus einem fernen Dorf gekommene Patient soll sich nicht fremd und isoliert fühlen in der ungewohnten Umgebung; Familienangehörige betreuen ihn, kochen sein Essen, übernehmen gelegentlich auch pflegerische Aufgaben. Das hat den Nebeneffekt, daß eine einzige Krankenschwester genügt, um etwa einen Sechzig-Betten-Saal im Auge zu behalten. Die Personalkosten können somit niedrig gehalten werden. Woran die CBM nicht sparte, ist die berufliche Qualifikation der sieben Augenärzte, denen ein Sohn von Dr. Joseph, Dr. Rajasekaran, kurz »Raja« genannt, vorsteht. Raja ist – neben seinem Vater und Mister Michael – Herz und Hirn der ganzen Blindenarbeit im Distrikt. Heute morgen haben wir ihn beobachtet, wie er bei einem Achtjährigen eine Katarakt-Operation durchführte. Jetzt sagt er: »Ja, das ist so ein Tropenübel, daß auch Kinder schon vom grauen Star befallen werden!« Vielen seiner indischen Kollegen macht er zum Vorwurf, sich in den Städten mit teuren Privatpraxen einzurichten, statt sich um das Volk zu kümmern. »Indien hat heute etwa 4000 Augenärzte; 80% davon leben in den Städten; aber 80% der Augenkranken und Blinden sind Kleinbauern, Landarbeiter – kurz: Dorfbewohner. Ein unhaltbarer Zustand!« Dr. Raja läßt es sich nicht nehmen, uns persönlich durch die von der Christoffel-Blindenmission erbaute Augenklinik zu führen, die heute 160 Betten hat, aber dennoch nichts von einem luxuriösen Renommierkrankenhaus, wie man es so oft nutzlos in der Dritten Welt findet. OP-Saal, Männerabteilung, Frauenabteilung, Labor, Chatram, Wartehalle für ambulante Patienten, einige Büros – kaum etwas, außer den modernsten Instrumenten, erinnert den Besucher daran, daß hier nicht nur mit asiatischem Gefühl für Feinheiten, sondern auch mit abendländischer Präzision gearbeitet wird. Trotz der vielen Angehörigen herrscht in den Krankensälen die Stille derer, die sich nicht bewegen sollen. Sechzig Männer hier, sechzig Frauen dort, alle mit einem Verband über dem linken oder rechten Auge, – jung manche, die meisten jedoch älter, aber in Indien ist man schon »alt«, ehe man wirklich jung gewesen ist.

Als häufigste Ursachen der Blindheit in Indien nennt Dr. Raja folgende: Infektionen: 25 %; Verletzungen: 11 %; grauer Star: 37 %; Glaukom: 12 %; andere Ursachen, meist falsche oder zu späte Behandlung harmloser Entzündungen: 15 %! Doch an erster Stelle steht – wie überall in der Dritten Welt, das Problem der Unterernährung, wobei vor allem der Mangel an Vitamin A zu verheerenden Folgen für die Sehkraft führen kann.

Auf unserem Rundgang kommen wir auch an einer Reihe von Einzelzimmern vorbei, kahlen, aber sauberen Räumen, die für die »Reichen« bestimmt sind. Dr. Raja erklärt: »Als mein Vater das Krankenhaus baute, tat er es nach dem Prinzip, daß für jeden zahlenden Patienten ein Patient kostenlos behandelt werden sollte. Das Prinzip ließ sich nicht halten. Heute haben wir für einen zahlenden Patienten *vier* Kranke, die nichts oder nur eine minimale Summe bezahlen können.«

In »Dr. Joseph« bestimmt der Patient selbst den Krankensatz, den er zahlen kann. Nur weil er arm ist, wird keiner abgewiesen. Was an den rund vierzig Mark fehlt, die eine augenlichtwiederherstellende Operation kostet, übernehmen die Freunde der

Christoffel-Blindenmission. Auch für Anbauten und Ausrüstung ist man auf ihre Hilfe angewiesen. Und für alles, was von der Klinik mit betreut wird, denn das »Dr. Joseph Eye Hospital«, ist, wie gesagt, nur die Spitze des Eisbergs oder – um im Bild zu bleiben – die Mitte des Sterns.

Wie weit die Strahlen reichen, kann ich in der großen Wartehalle für ambulante Patienten nur ahnen. Ein Pfleger drückt mir ein Krankenformular in die Hand, wie es hier gebraucht wird: Auf der Außenseite Name und Adresse des Patienten, Eintragungen des behandelnden Arztes. Innen: Bibeltexte. Lukas 4,18; Johannes 14,13–14; Matthäus 11,28: »Kommet her zu mir alle, die ihr mühselig und beladen seid . . .«!

Dr. Raja wirft einen unwilligen Blick über die Hunderte von Menschen, die seit dem frühen Morgen hier warten. Er weiß: Viele sind von weither gekommen, waren tagelang unterwegs, in überfüllten Bussen, zu Fuß . . . Jetzt sitzen sie wie scheue Vögel, erschöpft und durstig in der Mittagshitze. »So geht das nicht! Wir müssen das ändern! Die langen Wartezeiten, diesen unpersönlichen Empfang! Was tun? Ich weiß es noch nicht; Anmeldungen sind sinnlos in einem Land, wo man nicht weiß, ob man einen oder drei Tage bis zur Stadt unterwegs sein wird. Ich weiß nur, was für einen Schock es für diese Menschen bedeutet, hierherzukommen! Wir müssen den Schock mildern, wenn wir schon die Wartezeiten nicht verkürzen können . . .« Sagt der Sohn Dr. Josephs und ordnet an, Trinkwasser auszuteilen.

Wasser – trinkbares Wasser! Hier hat es etwas

von einer geheimen, lebensbringenden Substanz – etwas von Brot und Wein.

Ein Blinder kommt zu Mister Nathan, dem Direktor des »Bishop Diehl Rehabilitation Home for the Blind« und bittet darum, an einem Ausbildungskurs beteiligt zu werden. »Halbtags, wenn möglich ...!« Warum halbtags? Weil – so erfährt Mister Nathan – der Blinde in den Straßen von Tiruchi betteln geht, um sich und seine Mutter zu ernähren. Was soll aus der Mutter werden, wenn der Sohn nicht mehr bettelt? Was soll aus dem Sohn werden, wenn er – mangels beruflicher Ausbildung – für immer zum Betteln verurteilt ist?

Indische Alltagsprobleme! Sie erkennend, hat die CBM vor nunmehr zwölf Jahren in Tiruchirapalli eine handwerkliche Ausbildungsstätte für sechzig blinde Jungen und Männer errichtet.

Wir werden mit Musik begrüßt, mit den obligaten Sandelholzkränzen, die so stark duften. Ein Blinder spricht ein paar Worte; ich antworte, gestehe vor dieser kleinen Gruppe von Menschen, die mich nicht sehen können, daß ich ihrem Land die entscheidende Wandlung meines Lebens danke – mein Engagement für die Dritte Welt. So sei ich denn nicht hier als Vertreter ferner Gönner, sondern vielmehr als eine, die zu danken hat. Leere Augen schauen fast mit Zärtlichkeit an mir vorbei. Cocteaus Satz fällt mir ein – »Dieu, comme un visage est beau, lorsque rien ne l'insulte ...« (Herr, wie schön ist ein Antlitz, wenn es von nichts gekränkt wird ...)

Wir gehen durchs Haus, einen weitläufigen, einfachen Bau, der auch noch Mister Nathan, seine sanfte Frau und drei Kinder beherbergt. Hier arbeiten junge Männer – die meisten schon im Kleinkindalter erblindet und ohne Erinnerung – an komplizierten Webstühlen, dort werden Matten geflochten oder die Einzelteile eines Schirms zusammengestellt, wobei mir zum erstenmal klar wird, was für ein ungemein kompliziertes Gerippe so ein einfacher Regenschirm besitzt; in einem Anhaus wird Seife hergestellt, und der »Seifenbaum«, dessen Öl den Grundstoff liefert, hängt denn auch mit Millionen kleiner gelber Blüten über dem Dach.

Einige der Männer werden für einen handwerklichen Beruf ausgebildet, andere mit den notwendigen Fähigkeiten ausgestattet, sich im heimatlichen Dorf nützlich zu machen. Zwischen drei und fünf Jahre bleiben die Blinden hier; der Abschied vom »Home« ist oft Zerreißung. Hier ist Lebenssicherheit, Gemeinschaft, Brüderlichkeit – draußen die strenge Welt mit all ihren Miseren. Und doch ist das Haus nicht gedacht als Bleibe für immer. Ziel der ganzen Arbeit soll die Wiedereingliederung der Blinden sein, nicht ihre Isolierung. Kehrt ein junger Mann nach der Ausbildung in sein Dorf zurück, hilft das Haus weiter bei der Anschaffung von Arbeitsgeräten, der Suche nach einem geeigneten Raum, dem Absatz der Produkte. Wie sinnvoll das ist, sollten wir einige Tage später bei einem Besuch im Dorf Thuraiyur erleben, wo sich sieben Blinde zu einer Kooperative zusammengeschlossen haben. Eine funktionierende »Produktionsgenossenschaft« für Krankenhauswäsche.

Thuraiyur – ein Dorf wie tausend indische Dörfer mit ersten, leisen Ansätzen, eine Stadt zu werden, was durch die Lage an der Fernstraße begünstigt wird. In einem geräumigen Innenhof steht das »Atelier« mit seinen sieben Webstühlen. Schon jetzt, am frühen Morgen, sind die Blinden eifrig an der Arbeit. Obwohl sie mit den Füßen vier verschiedene Pedale bedienen müssen und jede Hand ihren eigenen Rhythmus hat, wirkt auf mich diese Arbeit so harmonisch wie Orgelspiel.

Santivalie ist der jüngste der Blinden. Als er vierzehn war, verlor er sein Augenlicht mitten im Schulexamen. Man brachte ihn in die Klinik nach Tiruchi, doch blieb den Ärzten nichts mehr zu tun: Blind für immer! Santivalie hat sich mit seinem Schicksal beinahe abgefunden. Daß er sich an alles erinnern kann, erleichtert viele Handgriffe, macht aber den Verlust eher schwerer.

Paul, Sohn einer Kleinbauernfamilie mit sieben Kindern, kam blind zur Welt. »Beschreib uns, wie ein Baum aussieht, Paul!« – »Da ist ein dicker Stamm, daran hängen Äste und Blätter ...!« – »Und eine Kuh?« – »Weiß ich nicht; etwas mit Hörnern und Beinen und einem warmen Fell.«

Moses war sechs Jahre alt, als er blind wurde. Er ist mit einer blinden Frau verheiratet; sie erwartet ein Kind. Und weil ein Bruder von Moses den Haushalt mit versorgt, ist der Alltag leistbar. Ungefähr sieben Rupien am Tag verdient Moses am Webstuhl – mehr als ein Landarbeiter im Dorf Thuraiyur.

Parel ist dreiunddreißig Jahre alt, auch verheiratet, allerdings mit einer sehenden Frau. Ein einziger

Satz genügt ihm, um sich auszusagen: »Ich bin blind geboren, und jetzt bin ich Weber.« Wieviel Stolz doch in diesem letzten Wort liegt – nicht »Blinder«, sondern »Weber« –, wieviel tapfere Überwindung eines bislang für unabänderlich gehaltenen Schicksals! Über das Dach der Baracke blühen die Bougainvillea tiefrot, violett und feuerfarben herein.

In Thuraiyur sehen wir das erste der vier Zweighospitäler, die dem Krankenhaus in der Provinzhauptstadt angeschlossen sind. Gemäß dem Prinzip – »hinaus in die Dörfer!« Der Aufbau ist logisch, übersichtlich und so einleuchtend, daß man sich fragt, warum das Modell Tiruchi noch nicht in ganz Indien Eingang gefunden hat. Aus der englischen Kolonialzeit stammt die verwaltungsmäßige Einteilung eines Distrikts in sogenannte »Taluk« – Unterdistrikte, die so gegliedert sind, daß alle Verwaltungsbehörden in einer Reichweite von nicht mehr als 15 km liegen. Diese Struktur hat man sich für die Blindenarbeit zunutze gemacht mit dem Ziel, in jedem »Taluk« (es sind zehn im Distrikt Tiruchirapalli) eine kleine Augenklinik zu errichten. Bisher wurde jedes Jahr ein neuer »Taluk« augenmedizinisch erfaßt; in den nächsten vier bis fünf Jahren hofft die CBM, die vier noch unversorgten Unterdistrikte auch noch betreuen zu können. Damit hätte der Riesendistrikt Tiruchi eine lückenlose augenärztliche Versorgung.

Das kleine Augenlazarett von Thuraiyur ist an diesem Morgen überlaufen von Patienten und ihren Familienangehörigen. In allen Gängen stehen und sitzen Menschen, die auf Hilfe und Heilung hoffen.

Mir fällt auf, wie schlecht, ja erbärmlich viele der Wartenden gekleidet sind. Manche der Frauen haben nicht einmal eine Sâribluse an, äußerstes, demütigendes Zeichen der Armut!

Thuraiyur gehört zu den ärmsten Gegenden des Distrikts, klärt man mich auf. Die Mehrzahl der Dorfbewohner sind Harijans, »Kastenlose«, die entweder nur einen bescheidenen Landbesitz haben oder gar keinen. Die Mehrzahl der Männer arbeitet als Saisonarbeiter in den Feldern der Reichen oder verdingt sich als Kulis in den Städten ...

Rund 50 Augenpatienten täglich versorgt das Zweighospital. Kostenlos. Da ist das junge Mädchen aus dem Nachbardorf, schwer kurzsichtig. Es bekommt eine Brille. Dann der Bauer, ausgemergelt, stumm mit hochrot entzündeten Augen. Und das Kind – dreijährig: Nach einem Unfall ist das rechte Auge ausgeronnen! Der Landarbeiter hat eine bakterielle Infektion, die alte Frau ist bereits in Tiruchi am grünen Star operiert worden. Nun trübt sich das rechte Auge... Der arbeitslose Kuli kann nur noch gelbe Schleier erkennen, der Busfahrer bekam bei einem Unfall einen Glassplitter ins Auge und muß operiert werden ...

Geduldig läßt der Klinikarzt Dr. M. den nicht abreißenden Strom der Patienten an sich vorüberziehen, verordnet hier Augentropfen, dort eine stärkere Brille und – wo eine Operation unumgänglich ist – die Überweisung des Kranken in die Basisklinik von Tiruchi. 80% aller Augenerkrankungen können in den Zweighospitälern behandelt werden, denen jeweils 20 Betten für stationäre Kranke zur Verfügung stehen. Diese Vorauswahl entlastet das Zentralkrankenhaus in der Stadt. Operiert wird – auch auf dem Land – grundsätzlich nur von Augenärzten, nicht von medizinischem Hilfspersonal, wie qualifiziert es auch sein mag.

Wie wir uns in Thuraiyur verabschieden wollen, tritt Sankar auf Mister Nathan zu, verneigt sich mit zum Gruß gefalteten Händen. Sankar ist blind infolge der Masern, die er – vierundzwanzigjährig – bekam. Heute lebt er mit seiner Mutter in einem zerfallenden Haus am Dorfrand. Man hat ihm sein Stück Land weggenommen; er konnte sich gegen den Raub nicht wehren. Jetzt bittet er um Hilfe, bittet um Rechtsbeistand gegen den Großgrundbesitzer, um eine Berufsausbildung, einen Platz in »Bishop Diehl's Rehabilitation Home for the Blind«. Schweren Herzens muß Mister Nathan ablehnen, denn Sankar ist nicht nur blind, sondern auch Epileptiker. »So fallen, trotz aller Bemühungen, die Allerärmsten doch immer wieder durch das Netz unserer Bemühungen, so dichtgewoben es auch sein mag«, meint Mister Nathan im Wagen betrübt und verstummt dann.

BRITE – charmant wie ein Mädchenname klingt ein anderes Programm der Christoffel-Blindenmission von Tiruchi, die Abkürzung für »Blind Rehabilitation and Integration Training Establishment.«

In einem Garten hinter dem Zweighospital des Dorfes Musiri werden blinde junge Männer als Landwirte und Gärtner ausgebildet. Anbau von Tomaten, Erdnüssen, Maniok, Kohl – alles Produkte, die sich auf dem Markt gut verkaufen. Welcher Konzentration es bedarf, um Kraut von Unkraut unterscheiden zu lernen, können wir, die Sehenden, nur ahnen. Gesprächsweise erwähne ich, daß ich in Afrika Blinde erlebt habe, die den Abstand zwischen zwei Zwiebelpflanzen mit der Breite ihrer Hand ausgemessen haben: eine Handbreit, eine Zwiebel, eine Handbreit, eine Zwiebel! Gleich wird die Anregung aufgegriffen, denn hier benützt man das umständlichere Verfahren von Knotenschnüren, um Pflanzenabstände einzuhalten. Eine »Handbreit« aber ist ein natürliches Maß. Erste Versuche, Gelächter! Trotz der anstrengenden Arbeit und der unerbittlichen Hitze wirken diese Blinden vergnügt und entspannt. Ganz als würden die heilenden Kräfte der Erde sich auf sie übertragen. Eines Tages werden diese jungen Leute in ihr Dorf zurückkehren und mehr wissen als ihre sehenden Nachbarn. Wie legt man einen Komposthaufen an? Wie baut man eine Feuchtigkeitsmulde um einen Strauch? Wie düngt man den Boden mit natürlichen Mitteln?

Einladung zu einem »Urban Eye Camp« in einer der Slumzonen von Tiruchirapalli. Einladende sind die Damen der Gesellschaft. Da sitzen sie, wohl an die dreißig, gekleidet mit der letzten Sâri-Mode, (man trägt, scheint es, moderne, aus dem Westen kommende Blumen- und Karomuster) behängt mit dem fast maisfarbenen Gold ihres Landes, lutschen an einem colaähnlichen Getränk und kümmern sich kaum um den Effekt ihrer Wohltätigkeit. Der nämlich spielt sich in einem Winkel des Raumes ab, den die Damen fast vollständig mit ihrer Anwesenheit ausgefüllt haben. Da werden Brillen anprobiert und Augentropfen verteilt, da gibt es eigene »Lesebögen« für Analphabeten und Hilfspersonal, das die andrängenden Patienten in Schach hält –

– für Augenblicke ist die Welt wieder sichtbar in zwei Lager auseinandergefallen, das der Besitzenden und das der Habenichtse, und die Besitzer neigen sich ein paarmal im Jahr wohltätig über die Armen, weniger um der Armen als um ihrer selbst willen; es gehört – auch in Indien – zum guten Ton, einer karitativen Organisation anzugehören – nun, hier ist es ein »eye-camp«! Während ich irritiert feststelle, daß auch nicht eine der Damen einen Blick oder ein Wort an einen der Kranken verliert, daß da keine Brücke ist zwischen Gebenden und Nehmenden, meint mein Mann tröstend: »So hat alles angefangen, auch bei uns in Europa! Auch da waren es zunächst die Damen der Gesellschaft, die in die Krankenhäuser gingen oder zu den Leprösen ... und es hat noch zwei Jahrhunderte gedauert, bis man entdeckte, daß diese gönnerhafte Almosenmentalität die Würde des Armen beleidigt ...«

Dr. Raja kommt herein, spürt unser Unbehagen, bemerkt kurz, er sei für die Arbeit eben auch auf die Hilfe und die Unterstützung der Wohlhabenden angewiesen und schlägt vor, wir sollten ORBIT anschauen – ja, unangemeldet, ohne großen Empfang.

ORBIT – wieder einer jener poetischen Namen, die zu erfinden Indien nicht müde wird. Jede Bude ist ein »Saloon«, jeder Straßenfotograf ein »Royal Institute«, jeder Barbier »Maharadjas Establishment«. Hinter ORBIT allerdings verbirgt sich ein pragmatisches »Organisation for the Rehabilitation of the Blind in Tiruchirapalli« – eine Blindenwerkstatt.

Wie wir eintreffen, ist gerade ein Reporter von All India Radio dabei, einige der Angehörigen von ORBIT zu befragen, wie sie denn mit ihrem Blindsein zurechtkämen. Die Männer antworten ruhig, ohne Scheu, ganz so, als stünden sie nicht zum erstenmal in ihrem Leben vor einem Mikrofon. Auch nichts von verlegenem Gekicher oder alberner Wichtigtuerei.

Später sollte sich dieser, mein allererster Eindruck von ORBIT als zutreffend erweisen: Diese fünfundvierzig Blinden, die hier gemeinsam mit sechs Behinderten die Werkstätten betreiben, haben die Phase puren Betreut- und Bemitleidetwerdens überschritten und sich tapfer eingerichtet in ihrer eigenen, wenn auch eingeschränkten Welt. Zum erstenmal begreife ich, was Mister Michael in einem unserer vielen Gespräche gemeint haben könnte, als er von »the liberation of the blind« (der Befreiung der Blinden) sprach. In ORBIT erinnert nichts, aber auch gar nichts mehr an ein Heim, eine »Blindenbewahranstalt«. Es ist ein Werksgelände wie jedes andere, auch mit seinen Unberechenbarkeiten und Gefahren; mit diesen zu leben, haben die Blinden gelernt. Achtzehn der Männer sind mit sehenden Frauen verheiratet, zwei mit blinden Frauen. Sie wohnen nicht auf dem Gelände, sondern am Stadtrand, denn jede Abkapselung soll vermieden werden. Wie andere Arbeiter auch, kommen sie am Morgen, leisten ihren Acht-Stundentag und entscheiden selbst darüber, wie sie den Abend verbringen wollen.

Wie es zu ORBIT, dem fröhlichsten und reifsten Kind der Blindenarbeit in Tiruchi, kam, erzählt uns der Direktor, Paul Balraj: Nach der indischen Unabhängigkeit, berichtet er, seien zwar viele Blindenschulen und Ausbildungszentren entstanden, doch nach Schule und Ausbildung hätten die Blinden immer noch keine Arbeit gefunden. So waren die Ausbildungszentren verstopft mit qualifizierten Feinmechanikern, Webern, Korbflechtern, die einfach von Zentrum zu Zentrum wanderten, um irgendwo eine Bleibe zu haben.

Wieder einmal sei es Dr. Joseph gewesen, der als einer der ersten in Südindien dieses Problem erkannt und nach Lösungen gesucht habe, 1973 wurde ORBIT gegründet, zunächst mit bescheidenem Startkapital des Rotary-Clubs. Später dann hätten andere lokale und internationale Organisationen eine Gesellschaft gebildet, die heute der säkulare Träger der Werkstätten sei. Die CBM habe eine kräftige Starthilfe gegeben und trage auch heute noch 60 % der Kosten. Vierzig Prozent des Unterhalts brächten die Werkstätten inzwischen selbst auf. Bis 1985 hoffe man, autonom zu sein. Dann solle ORBIT in eine Genossenschaft umgewandelt und den Blinden übergeben werden. Auch das Volumen hoffe man weiter vergrößern zu können: 75 Blinde und 15 Behinderte, assistiert von zehn Gesunden! Das wäre der Idealfall; darauf arbeite man hin.

Im Augenblick arbeiten die Werkstätten mit der Hilfe von nur vier Nichtbehinderten, die die Verwaltungsarbeit leisten.

Einhundertfünfzig Rupien verdient ein Arbeiter bei ORBIT; ist er verheiratet, kommen noch dreißig

Rupien hinzu. Kein Luxusgehalt, doch für bescheidene Ansprüche genug zum Leben.

Die feinmechanischen Werkstätten sind mit modernen Maschinen ausgestattet; mir fällt auf, wie sehr hier, an den komplizierten Mechanismen, ein gewisser rhythmischer Arbeitsprozeß die Bewegungen der Blinden skandiert; das Ohr ersetzt das Auge; die Gleichförmigkeit des Taktes, in dem Werkstücke gepreßt, geschnitten oder gebogen werden, stellt eine gewisse unsichtbare Ordnung her, die als Orientierungshilfe dient. Alle Blinden, die hier arbeiten, sind ausgebildete Fachkräfte; nicht wenige beherrschen drei oder vier Handwerke perfekt, eine Folge ihrer jahrelangen, unfreiwilligen Wanderung von Zentrum zu Zentrum.

Jan-Peter gehört zu dieser Gruppe. Er ist 37 Jahre alt, Christ. Seine Heimat ist ein Dorf im Landesinneren von Tamil Nadu; fünf seiner Geschwister starben, Tuberkulose vielleicht, genau wußte Jan-Peter es nicht zu sagen. Als er vier war, bekam er Sehstörungen. Der einheimische Kräutermann dokterte an seinen Augen herum mit dem Ergebnis, daß das Kind blind wurde. Jan-Peter kam in eine der staatlichen Blindenschulen des Südens, lernte lesen und schreiben, lernte Teppichweben und Besenbinden, lernte Seife herstellen und was noch alles, nur eine Arbeit, eine Arbeit fand er nicht. 1969 landete er wieder in einem Rehabilitationszentrum; sieben Jahre später kam er zu ORBIT und – heiratete eine bildschöne kleine Südinderin, Mary. Heute haben Jan-Peter und Mary einen einjährigen Sohn. Mary kommt aus dem Distrikt Thanjavore und ist katholisch. Ein blinder Freund war es, der diese Ehe arrangiert hat. Mary ist darüber nicht unglücklich, stammt sie doch aus einer erbärmlich armen Familie; eine Mitgift hätte der Vater nie bezahlen können. Jan-Peter hat seine Mary auch ohne Mitgift genommen. Mary sagt, er sei ein liebevoller Ehemann, und daß er blind sei, würde ihr kaum je bewußt. Am Abend gehen Mary und Jan-Peter gemeinsam auf den Markt, um dort die Waren aus dem »Bishop Diehl Home« zu verkaufen. Damit bessern sie ihr Einkommen auf.

Arbeitsende! Wir begleiten das Ehepaar zu seiner Wohnung am Stadtrand, einem überaus bescheidenen Viertel, in dem fünfzehn Blinde von ORBIT zu Hause sind. 22 Rupien im Monat zahlt Jan-Peter für eine Art überdachten Gangs entlang einer Hütte. Kein Wasser, kein Licht, ein einziger Stuhl, eine Kochstelle, ein paar Matten am Boden, kaum ein Kleidungsstück außer dem, was sie am Leib haben. Ärmlich ja, aber blitzsauber. Und stolz deutet Mary auf einen Sack Reis in der Ecke, die eiserne Reserve. Irgendwo wird auch eine Flasche Limonade hergezaubert, dann kommt ein Rudel Nachbarskinder, um uns ins Haus von Thangaraj und Indra zu holen, »wo es nicht so heiß ist«. In der Tat teilt dieses Ehepaar mit fünf oder sechs anderen Familien eine Art staubigen Innenhofs; dort hat man mir jetzt einen Stuhl hingestellt wie einen Thron.

Thangaraj, 36 Jahre alt, ist einer der besten Arbeiter von ORBIT. Kürzlich hat er eine Witwe mit zwei Kindern geheiratet, Indra. Nach dem Tod ihres Mannes infolge einer mißlungenen Operation wußte Indra nicht mehr, wovon sie die Kinder und sich selbst ernähren konnte. Ihre blinde Schwester riet ihr, sich an Thangaraj um Hilfe zu wenden, den sie von der Blindenschule her kannte. Thangaraj tat, was er konnte: Er heiratete Indra. Da aber vier Menschen von 180 Rupien (45 DM) auch bei aller Bescheidenheit nicht leben können, mußte eines der Kinder in ein Heim gegeben werden. ORBIT zahlt die – für unsere Begriffe – lächerlichen Heimkosten: 5 Rupien im Monat!

Eine der zahllosen, menschlich rührenden und zugleich skandalösen Geschichten des Elends! Daß es an fünf Rupien fehlt, einen Heimplatz für ein Kind zu bezahlen! Daß es an 50 Rupien fehlt, um ein vaterloses Kind in die Familie zurückzuholen!

Der Raum, in dem die Eltern mit dem zweiten Kind, dem 5jährigen Pandit Rei wohnen, ist ein finsteres Loch ohne Fenster. Durch das Strohdach tropft der Regen herein, und der nackte Sandboden verquillt während der Monsunzeit zu einer lehmigen Masse. 27 Rupien kostet die Miete. Und so sind wir schon mitten im Gespräch über Geld. »Was kostet ein Kilo Reis?« – Zwei Rupien, 10 Paisas! – »Wie viel braucht ihr zu dritt pro Tag?« – Wenn wir uns sehr einschränken, kommen wir mit einem Kilo aus! – »Was gibt es zum Reis?« – Dal! (eine Art Yoghurt aus Büffelmilch) – »Gemüse?« – Nein! Ein Kilo Zwiebeln kostet vier Rupien, ein Kilo Tomaten auch. Das geht nicht!

Pandit Rei hustet jämmerlich; seine Augen sind verschwollen von Erkältung und Fieber. Ich verspreche, Medizin vorbeizubringen – was mich, zwei Tage später – wieder zu ORBIT führt.

Freitagabend. Die Handwerker packen ihre Sachen zusammen. Die Werkstätten, in denen bis zur Verpackung alles selbst hergestellt wird, sind tadellos aufgeräumt.

Frauen und Kinder sind da, um ihre Männer und Väter abzuholen. Wochenendstimmung! Eine Gruppe von Junggesellen schäkert im Eingang. »Natürlich würden wir alle gern heiraten«, erklärt einer von ihnen lachend, – »aber mit den Mädchen ist das so eine Sache!« Dabei sind, wie ich erfahre, die Heiratschancen für blinde Männer, die ein regelmäßiges Einkommen haben, recht gut. Frauen haben es da schwerer; man traut ihnen nicht zu, daß sie selbständig einen Haushalt führen und Kinder aufziehen können.

Stockbewaffnet machen sich unsere Junggesellen auf den Weg zur Stadt, »shopping gehen«, wie sie sagen. Ich suche Indra, um ihr die Medizin für ihren Sohn in die Hand zu drücken, stolpere statt dessen über Thangaraj, der, vor sich hinsummend, das Öl von seinen Händen wäscht. »Hallo, Mrs. Peitz ...!«

»Wie bitte? Woran haben Sie mich denn erkannt?«

Er lacht, und das Lachen deckt seine verletzten Augen zu wie ein Licht. »Europäer gehen anders als Inder ... Grüßen Sie die Freunde in Deutschland und, bitte, kommen Sie bald wieder!« Sagt's, besieht dabei seine Hände, die er nicht sehen kann und läuft mit seinen überfeinen Antennen auf Sohn Pandit Rei zu, der eben um die Ecke biegt.

Als ich dem Ausgang zugehe, denke ich: ORBIT, das ist wie diese Landschaft hier: sanft, herb, uralt in seiner Würde, unverfälscht. Steinpferde an jedem

Dorfrand, die die Bewohner beschützen und den Geistern Geleit geben sollen! Die bunt bemalten Hörner der Rinder, Berg und Fels, tiefschwarz, davor Palmen und das wilde Blühen des Feuerbaums! ORBIT – das ist nicht mehr und nicht weniger als der Versuch von Blinden, ihre Behinderung zu meistern und – mehr noch – zum Blühen zu bringen!

Auf dem Heimweg überholt unser Wagen den Trupp der Junggesellen. Ob wir sie in die Stadt mitnehmen könnten, fragen wir. Vergnügt wehren sie ab; so ein schöner Abend!

Dieses Bild des heiter schwätzenden, sich mit unglaublicher Sicherheit bewegenden Trupps von Blinden ist mir von allen Bildern Tiruchirapallis am stärksten in Erinnerung geblieben.

Noch ein Zweig am großen Baum der Blindenmission: das »Rehabilitationszentrum für blinde Frauen«, ebenfalls eine Gründung von Dr. Joseph. Sein eigenes Wohnhaus hat er dieser Arbeit zur Verfügung gestellt; Tochter Padmini und ihr Mann kümmern sich hier um fünfzig blinde Mädchen. Blindsein in Indien ist für Frauen noch dramatischer als für Männer, die Abhängigkeit vollkommen. Drei Faktoren spielen hier eine Rolle: die niedere Herkunft, meist aus Unberührbaren-Familien, die Vernachlässigung der Frau bei der schulischen und beruflichen Ausbildung und die geringe Erwartungshaltung, die man auf dem Land Blinden insgesamt entgegenbringt. Ein blindes Mädchen kann keine gute Hausfrau und Mutter werden, lautet das Vorurteil – und zu etwas anderem als zu Ehefrauen und Müttern sind diese Mädchen nicht erzogen worden.

So kommen sie scheu, verunsichert und aggressiv hier ins Zentrum, um einen Beruf zu lernen, ein Zwang, wenn sie überleben wollen. Auf 75 Rupien haben Gewohnheit und Sitte das Monatseinkommen einer indischen Frau festgelegt; so viel muß sie zum Lebensunterhalt ihrer Eltern oder der eigenen Familie beitragen können. Wie, das ist ihre Sache.

Ich unterhalte mich mit Cathei, einer anmutigen Zweiundzwanzigjährigen, die noch etwas Mühe hat, mit der Nähmaschine umzugehen. Cathei ist das siebte von neun Kindern. Drei sind blind geboren, eines starb, Catheis Schwester ist auch hier im Zentrum. Im Gegensatz zu den Männern von ORBIT sind die Frauen hier wortkarg, fast feindselig, eine Haltung, die mir von Mrs. Padmini bestätigt wird. Das Ausgeliefertsein dieser Mädchen an ein fast mörderisches Schicksal, das ihnen kaum eine Lebenschance bietet, wird auch im Heim schmerzhaft spürbar. Man befeindet sich gegenseitig, ist ortlos, richtungslos, will einen Mann und Kinder, will eine minimale Lebenssicherung und hat doch alle Mühe, mit den Alltäglichkeiten eines Gemeinschaftshauses zurechtzukommen. So hat das Zentrum auch etwas vom Charakter eines strengen englischen Mädchenpensionats mit Verordnungen und Regeln; sobald wir einen Arbeitsraum betreten, haben die Arbeiterinnen aufzustehen, wie in einer Schule, wo ein unsichtbares Stöckchen geschwungen wird hinter dem Rücken des Lehrers, – und ein Gespräch ist nur möglich mit den Verantwortlichen, kaum mit den Frauen, diesen Unmündigen, die hier mit Hingebung gedrillt werden, wahrscheinlich auch geliebt, aber nicht hinreichend gewürdigt in ihrer eigenen, unverwechselbaren, erwachsenen und oft genug leidvollen Person.

Der Besucher wird mit Erklärungen überschüttet – viele Fälle von Blindheit seien zurückzuführen auf »Onkelehen« in ländlichen Gebieten, wodurch eine weitere Zerstückelung des Grundbesitzes verhindert würde – auf Kosten behinderter Kinder.

Das zu wissen ist wichtig, aber noch wichtiger scheint es mir, diese Frauen ein wenig einzubeziehen in das Gespräch, das *über* sie geführt wird, nicht *mit* ihnen. Und nicht ein einziges Lachen dringt an diesem Vormittag zu mir.

Als ich am Abend Dr. Raja ahnungslos mein Unbehagen schildere, nickt er. Er weiß Bescheid, aber das Erbe eines allmächtigen Vaters, der aus einer Epoche stammt, wo Autorität alles war, läßt sich nicht abbauen von einem Tag zum anderen. Ich schaue ihn an, diesen ernsten, gewissenhaften, so überaus bemühten Sohn Dr. Josephs und begreife, daß auch hier eine neue Generation die alte ablösen muß. Eines Tages wird das Frauenzentrum so fröhlich sein wie ORBIT, auch wenn es in diesem Fall einer *doppelten* Befreiung bedarf. Der Befreiung der Frau aus jahrhundertealten Zwängen und Rollenvorstellungen und – der Befreiung der Blinden.

Sonntagsgottesdienst im »Bishop Diehl Home«, auf der überdeckten Veranda. Wer zum erstenmal erlebt, wenn ein Blinder in Braille-Schrift das Evangelium vorliest, für den ist die Bergpredigt fortan keine leere Formel mehr.

Wieder diese gesammelte Stille, die Dichte eines Schweigens, wie es nur von Menschen kommen kann, die ganz nach innen schauen. Ein blinder Evangelist spricht seiner – überwiegend nichtchristlichen – Gemeinde die Gebetstexte vor. Seine überlangen Finger tasten das scheinbar unbeschriebene Papier ab, zaubern Worte hervor. Markus erzählt die Geschichte von der Ehebrecherin. Was hat sie den Blinden zu sagen? Das Erbarmen Gottes, vielleicht. Neben dem blinden Glaubensverkünder eine Gestalt von besonderer Zeichenkraft, ein fünfjähriges Mädchen mit hellwachen Haselnußaugen. Die Tochter des Evangelisten. »Sie muß mich führen, so haben wir sie ›mercy‹ – Erbarmen – genannt.«

Die Blinden singen mit volltönenden Stimmen – wie Erzengel. Kaum ist der Gottesdienst zu Ende, tritt Mister Michael auf – ein strahlender Bote der Hoffnung. »Stellt Euch vor, in den Vereinigten Staaten hat zum erstenmal ein Blinder seine Zulassung als Arzt bekommen! Also – weint nicht dem nach, was Ihr *nicht* habt, sondern macht etwas aus dem, was Ihr seid!«

Die Astspitzen des großen Baums der umfassenden CBM-Arbeit in Tiruchirapalli: Außendienst in den Dörfern! Heute ist es das Dorf Alampattipudur, tief im Landinneren von Tamil Nadu. Die Bewohner halb christlich, halb Hindus der unteren Kasten, oder Kastenlose. Ein Dorf voller Entbehrungen. 100 Rupien (ca. 30 Mark) gelten hier bereits als stattliches Monatseinkommen. 90% der Erwachsenen sind Analphabeten, alle Kinder leiden an Unterernährung und Wassermangel. Alle zwei bis drei Monate kommt das Eye-Camp hierher. Ärzte und Helfer wissen, daß sie Folgeerscheinungen behandeln, ohne die Wurzel des Übels – Elend – ausreißen zu können. Ein umfassender Gesundheitsdienst wäre notwendig – wer soll ihn leisten? Und so geschieht es denn, daß man mit Magenschmerzen, Infektionen und offenen Wunden zum »Augendoktor« kommt, weil es keinen anderen Arzt gibt.

Eine Fahrstunde weiter: Im Innenhof einer Schule haben Helfer eine Leinwand aufgebaut. Ein Film wird gezeigt; er soll auf Augenerkrankungen aufmerksam machen, Schäden verhindern helfen. »Morgen kommt das ›Eye-Camp‹ in Euer Dorf«, kräht eine Stimme durch das Megaphon – »laßt Euch untersuchen, wartet nicht, bis es zu spät ist! Die Behandlung kostet nichts!«

Erschöpft trägt der Helfer die Geräte in den Wagen zurück. Er ist seit vierzehn Stunden unterwegs. Dann verschwimmt die ganze Veranstaltung in den Staub- und Hitzeausdünstungen des Abends.

»So viel«, sagt Mister Michael bei der Heimfahrt – »so viel ist noch zu tun! In Kerala haben sie mit Hilfe der CBM einen umfassenden Gesundheitsdienst aufgebaut mit Dorffreiwilligen, ländlichen Sanitätsposten und der augenmedizinischen Erfassung aller Schulkinder. Wir haben bisher erst 700 Schulkinder untersuchen können. *Alle* Kinder – das wäre unser Traum! Gehen Sie nach Kerala, Mrs. Peitz; dort werden Sie finden, was wir hier in Tiruchi bisher noch nicht geleistet haben; ein paar Früchte sind halt noch grün in den Zweigen unseres Baums.«

Und weil Mister Michael neben vielen anderen Tugenden auch die hat, ein glänzender Organisator zu sein, ist das Schlafwagencoupé für den Zug bereits reserviert. Mit Bettrolle, versteht sich.

... bis zu den Wurzeln des Übels

Für die Verhütung von Augenkrankheiten wurde in Kerala ein umfassender Dorfgesundheitsdienst aufgebaut

Eine ganze Nacht und einen Vormittag lang bummelt der Zug von Ost nach West – quer durch Südindien. Als die Sonne aufgeht, hat sich die Szene völlig verändert: Nicht mehr das dürre, fast ein wenig dumpfe, geschichtsschwere Tamil Nadu zieht vor dem Fenster vorbei, sondern eine Landschaft wie hingepinselt vor einen Paradieshintergrund. Grün, grün, grün – jeder Quadratmeter Boden atmet Fruchtbarkeit und Bauernfleiß, und wo einmal ein Hügel nicht angebaut wird, wachsen Bananenstauden und Palmen gleichsam von selbst.

Kerala – der christliche, der kommunistische, der wasserreiche, fruchtbare, heiße Südzipfel Indiens! Wer aus einem Trockengebiet kommt wie wir, hält erst einmal Auge und Herz in diese vom Frühlicht getönte Frische. Selbst die emsigen kleinen Provinzbahnhöfe sind überblüht; neben den Schienen beginnen die Reisfelder, breite Flüsse scheinen dem Horizont zu entspringen und treiben gelassen meerwärts, Mangobäume behängen sich mit Tausenden von grünen Früchten –

– der indische Subkontinent zeigt sich für Augenblicke von seiner glücklichsten Seite.

»Es stimmt«, bestätigt uns Mister R., der uns am Bahnhof abholt – »in Kerala verhungert keiner!«

Wir müssen umdenken, und die Fülle der großen Gebäude in den Dörfern, die wir durchqueren, hilft uns dabei: eine Schule der katholischen Kirche, ein Krankenhaus der Provinzverwaltung, ein Kloster dieser christlichen Glaubensgemeinschaft oder jener – kaum mehr eine Erinnerung an den übervollen Götterhimmel der hinduistischen Welt und kein steinernes Pferd mehr am Wegrand; dafür Madonnenstatuen in kleinen Tempelschreinen, ein Hl. Joseph, ein rosafarbenes Jesuskind ...

In den Dörfern entlang unserer Straße, die zu den Hügeln hinaufführt, Lebensbescheidenheit, aber nicht schreiendes Elend, harte Feldarbeit, aber nicht Sklavenabhängigkeit, und prompt sagt auch Mister R: »In Kerala gibt es fast keine Analphabeten.«

Kaum auf einer Landkarte zu finden ist unser Ziel, das Dorf Devagiri. Ein paar Holzhäuser am Straßenrand, Läden und Buden, ein Wochenmarkt, ein Schmied und ein Schreiner, ab und zu ein durchrasender Bus, der Touristen zum nahen Tierreservat bringt – sonst hat Devagiri auf den ersten Blick nichts zu bieten. Doch, ein zerfallendes Haus in einer Windung der Straße, ein Haus, das Geschichte gemacht hat. Dort begann 1964 als bescheidener Außenposten das, was heute das

Mar Geevarghese Dionysius Memorial Hospital ist – kurz M.G.D.M.-Hospital genannt –, ein beachtlicher Krankenhauskomplex mit 230 Betten und dreizehn hochqualifizierten medizinischen Abteilungen.

Damals, 1964, gab es nur das Haus an der Wegbiegung, drei mutige Ärzte und einen Mann, der davon träumte, den unterversorgten Landgebieten in Kerala die Segnungen der modernen Medizin zugute kommen zu lassen.

Nach einem Unfall lag Mister G. P. – wie er gern genannt werden will – in einem Provinzkrankenhaus und erlebte dort den täglichen Leidenszug der von weither kommenden Patienten. Der im Holzhandel reich gewordene Geschäftsmann beschloß, ein Krankenhaus zu stiften. Seine Wahl fiel schließlich auf das Dorf Devagiri – ein kühner Entschluß, denn 1964 gab es weder eine Teerstraße noch Strom noch Wasseranschluß. Der Bau des neuen Krankenhaus-Komplexes verpflichtete die Provinzregierung, die Infrastruktur auszubauen. In Devagiri gingen die Lichter an.

Vom Fenster unseres Gästezimmers aus können wir zwar den noblen Neubau sehen, nicht aber die Inschrift, die besagt, daß die fast fertiggestellte Augenklinik der Christoffel-Blindenmission zu verdanken ist. Blindenarbeit wird im Krankenhaus schon seit Jahren geleistet. Die Augenärztin, Dr. Avis, gehört zum Team der ersten Stunde. In Zusammenarbeit mit ihren Kollegen und mit Entwicklungsfachleuten hat sie in den letzten Jahren ein Dorfgesundheitsprogramm entwickelt, das sich sehen lassen kann.

Das Programm umfaßt alle drei Aspekte: Verhütung von Blindheit, Heilung von Augenkrankheiten und Rehabilitation von Blinden.

Man begann damit, die gesamte Bevölkerung zweier Verwaltungsbezirke, »panchayats« genannt, zu untersuchen. Das waren 30000 Menschen; inzwischen ist noch einmal ein panchayat mit 20000 Menschen hinzugekommen. In jedem Dorf wurde eine Kontaktgruppe gebildet, dann holte man junge Mädchen zu einem Ausbildungskurs ins Krankenhaus. Der erste Versuch, so ein lückenloses augenmedizinisches Versorgungsnetz zu schaffen, schlug fehl. Die »Dorfhelferinnen« wurden von der Landbevölkerung zunächst abgelehnt. Auch wurde man sich bewußt, daß man die erste Gruppe zu praxisfern ausgebildet hatte. Man änderte den Stil der Trainingskurse entsprechend dem Motto »Learning by doing« (Lernen durch Tun) und, vor allem, man änderte die Auswahl der Mädchen. Heute ist es die Dorfgemeinschaft selbst, die bestimmt, wen sie als »Gesundheitshelfer« haben will.

Helen und Ann –

Seit dem frühen Morgen sind wir mit ihnen unterwegs. Helen ist einundzwanzig, Ann vierundzwanzig. Gemeinsam haben sie ungefähr 300 Familien zu betreuen – Familien, deren Häuser weit auseinanderliegen. Hier oben in den Bergen von Kerala sind fast alle Bewohner Kleinbauern. Die Erde ist gnädig und wasserreich; was immer angebaut wird, wächst auch: Pfeffersträucher und Kokospalmen, Ananas, Bananen, Kaffee – man lebt zwar bescheiden, aber man hungert nicht. Der dennoch immer wieder festgestellte Vitamin-A-Mangel bei Kindern ist auf einseitige, nicht auf ungenügende Nahrung zurückzuführen.

Eine ältere Frau ruft Ann und Helen ins Haus. Sie will wissen, ob ihre Diabetes schlechter geworden ist. Auf der Veranda hockend, macht Ann ihren Test. Alles in Ordnung! Im nächsten Haus werden die Mädchen von einer jungen Mutter stolz in den Gemüsegarten geführt. Grünes Gemüse war früher hier so gut wie unbekannt; Helen und Ann mußten ihre ganze Überredungskunst aufbieten, um die Familien von der Notwendigkeit frischen Gemüses zu überzeugen; jetzt stellen sich die ersten Erfolge ein. Ann benützt den Hausbesuch auch gleich dazu, mit einer kleinen Handwaage aus ihrer Tasche das Gewicht des Neugeborenen festzustellen und in eine Karte einzutragen. Dann passiert ein kleiner Zwischenfall: Eine Haustür schließt sich vor den Mädchen. Noch immer gibt es einige Familien, die Ann und Helen mißtrauisch beäugen und von ihnen weder »kontrolliert« noch »belehrt« werden wollen. Helen zuckt die Schultern, meint, vor zwei Jahren, als sie hier angefangen hätten, sei es noch viel schlimmer gewesen. Inzwischen habe sich im großen und ganzen doch ein Vertrauensverhältnis entwickelt zwischen den »Health Workers« und den Bewohnern. Doch wird dieses Thema später im Gespräch mit dem Kontaktmann des Dorfes noch einmal aufgegriffen. Jede Siedlung hat so einen Kontaktmann oder eine kleine Gruppe von Kontaktleuten. Sie sind die Anlaufstelle von Helen und Ann, der Ort auch, wo sie sich nach einem Fünfstunden-Marsch über die Hügel für einen Augenblick ausruhen können und etwas zu trinken bekommen. Der Kontaktmann weiß, wer krank ist, wo ein Kind geboren wurde, wo Masern ausgebrochen sind usw.

Er hat Sojabohnen angepflanzt hinter dem Haus und hilft den Mädchen, die anderen Familien davon zu überzeugen, daß Sojabohnen eine wichtige Proteinquelle für die Kinder sind.

Nach diesem Informationsgespräch und einer kurzen Verschnaufpause machen sich Helen und Ann wieder auf den Weg. In einer Siedlung, deren Bewohner nur über wenig bebaubaren Grund verfügen, verteilen sie geröstete Erdnüsse an die Kinder. Erwachsene über 35 Jahre werden regelmäßig auf Augenkrankheiten untersucht. Wo ärztliche Behandlung notwendig ist, überweisen die Mädchen die Patienten ans Basiskrankenhaus in Devagiri. Während Ann einem alten Mann den Blutdruck mißt, verteilt Helen kleine Tüten mit Saatgut unter die Frauen. Die bedanken sich mit ein paar Eiern bei den guten Feen, die die Dorfhelferinnen hier für viele Familien geworden sind.

Wann immer es möglich ist, werden die Blinden dieses Gebiets besucht. Da ist Panchya, ein zwölfjähriger Junge, der mit seiner Mutter in einer zerfallenden Hütte haust. Panchya, blind geboren, bekam von CBM-Freunden eine Kuh geschenkt. Um die kümmert er sich jetzt mit Hingabe. Auf der Terrasse eines Holzhauses sind drei andere Blinde damit beschäftigt, Schulkreiden herzustellen. Zwei der Blinden sind Frauen, Schwestern. Sie helfen sich gegenseitig so gut sie können. Andere Blinde verdienen ein kleines Zugeld durch den Verleih eines Fahrrads oder eines Karrens, die ihnen vom Programm zur Verfügung gestellt worden sind.

Verglichen mit anderen Gegenden Indiens, Tamil Nadu etwa, hat diese Gegend von Kerala vergleichsweise wenige Blinde; das Rehabilitationsprogramm, das wir hier zu sehen bekommen, ist eher dürftig. Dafür ist das Vorsorgeprogramm umso umfassender und greift wirklich bis hinunter zu den Wurzeln des Übels. Übel? – Vitamin-A-Mangel, nicht erkannte Masern oder Diabetes, Bluthochdruck, mangelnde Hygiene, einseitige Ernährung – all diese Erblindungsursachen werden hier aufgedeckt und – nach Möglichkeit – beseitigt. Jedes Schulkind in den drei Verwaltungsbezirken wird augenärztlich untersucht, 50000 Menschen sind in diesem Dorfgesundheitsdienst erfaßt, zu dessen letztem und wichtigstem Glied Ann und Helen gehören.

Fünfundzwanzig solcher Dorfhelferinnen hat das Krankenhaus bisher ausgebildet. Wir treffen sie überall – auf den Hügeln, bei den regelmäßigen Augencamps in den Dörfern, zu einem weiteren Trainingskurs im M. G. D. M.-Hospital, im Gespräch mit Dr. Avis, der Fachärztin. Für ihren 10–12 Stundentag bekommen die Mädchen kaum mehr als ein Taschengeld. Doch sie bekommen etwas anderes, wichtigeres: eine Rolle, eine sinnvolle Arbeit, eine Motivation, dem Mitmenschen zu helfen. Und so tragen Mädchen wie Ann und Helen nicht nur eine Handvoll Erbarmen bis ins letzte Dorf, sondern auch ein neues Selbstverständnis der Frau.

Am Abend frage ich Mister G. P., den großen Gönner, der uns zu einem Drink in seine gartenzwergbewehrte Villa eingeladen hat: »Wie wäre es mit einem neuen Krankenhaus? In den backwaters ...?« Lachend wehrt er ab. »Wissen Sie, ich betrachte mich als der Finanzverwalter Gottes. Mein Geld ist Sein Geld. Aber ein Verwalter muß rechnen können! Außerdem will ich meinen Sohn nicht um die Chance bringen, sich seinerseits eines Tages als Christ zu erweisen ...!« Jetzt lacht auch der Sohn, der die Fabriken des Vaters verwaltet, während sich Mister G. P. noch immer täglich ins M. G. D. M.-Hospital fahren läßt, um dort demütig seine Rolle als Oberbuchhalter zu spielen.

Mitten in diesem Geplänkel wird mir bewußt, warum im M. G. D. M.-Hospital alles ein wenig anders ist als gewöhnlich in einem großen Krankenhaus – einfacher, brüderlicher, aufmerksamer! Hier, auf dem Land, ist keine Karriere zu machen; die Ärzte verdienen weit weniger, als sie in den Städten verdienen könnten; fast alle leben in dieser Wohnsiedlung; Abwechslung gibt es kaum. Trotzdem sind Dr. Joseph, seine Frau und Dr. Avis seit 16 Jahren hier. Dr. Avis hat Mann und Kinder in der fernen Stadt; die Trennung von der Familie ist ein Opfer, das sie klaglos der Gemeinschaft bringt.

»He was moved by the spirit of compassion«, lese ich am Abend in einem hektografierten Text, der die Gründungsgeschichte des Hospitals erzählt, – »er war inspiriert vom Geist des Erbarmens«! Über den Krankenhauslautsprecher dringen Gesang und Gebet aus der Kapelle – jeden Morgen, jeden Abend. Die ersten Tage der Karwoche!

Während ich über den Hof gehe, mit den Lernschwestern rede und beobachte, wie der Schatten der großen Palmen ins Gemäuer der neuen Augenklinik sinkt, –

– während die Kerala-Nacht mit tausend Zirplauten hereinbricht und die kleinen Lichter angehen –

– denke ich: Hier wird der Himmel bestürmt auf die rechte Weise: im konkreten, täglichen, geduldigen Dienst an den Armen!

Fast eine biblische Plage

Christen kämpfen in Ghana gegen Ursachen und Folgen der Flußblindheit

»Keine Arbeit« steht zu lesen auf einem Schild neben einer Großbaustelle im Herzen von Ouagadougou, der Hauptstadt von Obervolta. Mit bloßen Händen schleppen Männer den Schutt zur Straße, denn der Bagger ist ausgefallen; als abgetrennter, nutzloser Klumpen Metall liegt der Greifer auf dem Kiesberg. Kinder betteln. Im Hotel Indépendance wirkt an diesem frühen Vormittag die französische Kolonialzeit so festzementiert wie eh und je: Die Weißen frühstücken, die Afrikaner bedienen. Ouagadougou ist von einer lässigen Häßlichkeit, staubigrot, unfertig. In den jetzt blattlosen Alleebäumen nisten Hunderte von Geiern; die Schaufenster – soweit es überhaupt welche gibt – zeigen überteuerten französischen Ramsch. Und doch ist Simon B., der mich am Flughafen abgeholt hat, vergnügt losgefahren, um – wie er sagte – »shopping« zu gehen. Denn in Ghana gebe es nichts, absolut gar nichts ...

Den letzten Akt des Morgeneinkaufs erlebe ich mit: in einer Lehrwerkstatt für Schmiede und andere Handwerksberufe ordert Simon hundert kleine, rote Pflüge. Ersatzteile und Schrauben nimmt er zur Vorsicht gleich selbst mit. So fahren wir los, auf der einzigen Straße, die Obervolta mit dem Meer verbindet, in das Länderdreieck Togo-Obervolta-Ghana, dorthin, wo wenig später das Niemandsland der Sahelzone beginnt.

Momentaufnahmen an diesem Februartag: schwermütige Magie! Der heiße Himmel verweht von Sand, der aus der Wüste kommt, nicht gelb, sondern bleigrau, das Feuergestirn Sonne, einmal eine scharfumrissene Scheibe, dann wieder verblasene Hitze, die den Himmel ausdürstet, die Erde, die Menschen. Zu beiden Seiten der Teerstraße Savanne, ab und zu ein Busch, der blüht, ab und zu einer jener afrikanischen »Urbäume« von majestätischer Wildheit. Feuerbäume mit winzigen grellen Blütenflammen, Affenbrotbäume, kahl, die so aussehen, als seien sie seit Ewigkeiten Geheimnisträger zwischen Himmel und Erde. Nie mehr möchte ich das Bild jener Frau vergessen, die – am kleinen Grenzübergang nach Ghana – unter einem solchen Baum saß: Urmütter beide, der Baum und die Frau, schwer und wissend und still und immer noch wachsend aus dieser roten, armen Erde!

Simon sagt: »Wie töricht von den Franzosen, diese schnurgeraden Straßen anzulegen. Das ist so gegen das afrikanische Wesen. Bei den Afrikanern ist alles rund ...«

Er hat recht. Die wie Steine zu einem Ring geformten Hütten sind rund, die kunstvollen Strohdächer sind rund, die Innenhöfe, die Menschen selbst.

Es wird Abend, bis wir GARU erreichen. Keine Stadt, kaum ein Dorf, irgendeine geheime Drehscheibe mitten im Nichts, erkennbar an ein paar

Häusern, die eben *nicht* rund sind, sondern kantig, rote und grüne Fensterrahmen haben und –

– Monika steht unter der Tür, flachsblond mit zwei flachsblonden Kindern und fragt mit dem leichten Schwäbischakzent der Freiburger: »Simon, hast Du uns Käse mitgebracht?«

Er hat.

Um sieben Uhr morgens verdünnt sich die kaum aufgegangene Sonne zur blassen Mondsichel; die Haustiere verstummen, auch die Afrikaner gehen jetzt mit leisen Schritten, Simon sagt: »Eine Sonnenfinsternis!«

Monika muß einen Kondolenzbesuch bei Joe machen. Joe ist Traktorfahrer auf der Lehrfarm der Europäer. Er verdient rund 17 Dollar im Monat, aber das besagt wenig, denn die ghanesische Währung, der Cedi, ist fast zu totem Papier geworden. Hier, im armseligen Grenzgebiet des Nordens, wirkt sich die katastrophale Wirtschaftslage des Landes noch stärker aus als im Süden. Wer Geld hat, kann im nahen Togo oder in Obervolta Lebensmittel, Benzin und Medikamente kaufen, wer kein Geld hat ...?

Joes erstes Kind ist bei der Geburt gestorben, das zweite vor ein paar Wochen. An Masern, an Malaria – man wird es nie wissen. Auf Joes Gehöft leben 27 Personen. Der ältere Bruder ist der »Chef« dieser Großfamilie. Er baut Erdnüsse an, Hirse und Mais. An die Dürreperiode vor ein paar Jahren erinnert er sich mit Schaudern. Auch die Europäer in GARU, die damals die ganze Last der Verteilung von Hilfsgütern zu tragen hatten, erinnern sich ungern an diese schwerste der vielen schweren Zeiten. Obgleich Joes Familie in großer Bescheidenheit lebt, wird den Besuchern das klassische Getränk dieser Gegend – Pito, ein Hirsebier – in Kürbisschalen angeboten.

Wohl eine Stunde lang sitze ich still im Kreis der Trauergemeinde, Nachbarn und Freunde, und denke, wie schwierig es doch ist, für eine andere Kultur *wahre* Gebärden des Mitgefühls zu finden. Auf dem Heimweg erzählt Kevin, ein junger Kanadier, der das Landwirtschaftsprojekt des Rehabilitationszentrums von Garu betreut: »Vorgestern fuhr ich hier mit einer Mitarbeiterin auf dieser Straße. Da kam mir ein seltsamer Trupp entgegen: Vier Leute schoben ein etwa 11jähriges Mädchen auf einem Fahrrad in Richtung Krankenstation. Ich glaubte zuerst, das Kind sei tot, aber es lebte noch; so packte ich es in den Wagen. Bis wir jedoch die Krankenstation erreichten, war das Mädchen gestorben. Hirnhautentzündung, vermutlich. Die Leute waren fünf Stunden unterwegs gewesen – mit ihrem »Krankentransport« – auf einem Fahrrad.

Warum berichte ich das alles? Mit der Blindenarbeit in Nordghana haben diese Szenen offenbar gar nichts zu tun – weder die »Urbäume«, noch das an Masern gestorbene Kind von Joe.

Und sie haben doch etwas damit zu tun. Sie sind gleichsam die düstere Grundfarbe dieser Gegend, vor der ein paar Menschen – afrikanische und europäische Christen – angetreten sind, um ein paar hoffnungsvolle Pinselstriche anzubringen, dort, wo sich Lähmung und Finsternis auszubreiten drohen. Ich lebe nicht in GARU; ich bin ein Besucher, ein Vorübergehender. Und wie jeder Außenseiter muß ich mich behutsam herantasten an Stimmungen, Probleme, Situationen. So begreife ich in den ersten Tagen, daß die Flußblindheit, »Onchozerkose« oder kurz »Oncho« genannt, nur *eine* der vielen Plagen dieses Landesteils ist; Armut ist eine andere, Dürre, Wassernot, Hitze, medizinische Unterversorgung. Man berichtet mir, die rasch wechselnden Regierungen Ghanas hätten vergleichsweise viel in diesem Notstandsgebiet getan: Schulen und Straßen gebaut, Brunnen gegraben, Erste-Hilfe-Posten in den Dörfern errichtet, usw. Man sagt mir aber auch, daß das Grundübel der Armut in dieser relativ dicht besiedelten Gegend nicht angegangen worden sei – außer in *einem* Fall: dem Versuch der Weltgesundheitsorganisation (WHO), durch das Besprühen riesiger Gebiete in Zentral- und Westafrika die Kriebelmücke, die Überträgerin der Onchozerkose, auszurotten. 120 Millionen Dollar soll das 20-Jahres-Programm kosten. GARU liegt im Dreieck dreier Flüsse, deren fruchtbare Ufer von den Bewohnern verlassen worden sind. Tragische Ironie des Schicksals: Am Saum der Sahelzone sind die lebenspendenden Wasser zugleich die Blindheitbringenden. Was bleibt der Bevölkerung? Die Wahl zwischen ausgedörrten Feldern und der Gefahr einer Infektion durch die Kriebelmücke, die im Volksmund »schwarze Fliege« heißt. Plötzlich erinnere ich mich, in einem Touristengeschäft in Ouagadougou die kleine Metallstatue eines bettelnden, von einem Kind am Stock geführten Blinden gesehen zu haben. Eine ähnliche Figur steht auch auf Simons Schreibtisch, und Simon sagt: »Es ist das Symbol dieses Landes!«

In einigen Dörfern von Obervolta hatte ich bei einer früheren Reise Fetische gesehen, die die Flußblindheit von den Menschen abziehen sollen. Damals war mir das ganze Ausmaß des Problems noch nicht bewußt gewesen.

Das Ausmaß des Problems: Von der WHO wird heute ein Gebiet von 275 000 Quadratmeilen – eine Fläche größer als Belgien, Holland und Frankreich zusammen – betreut. Die Anwendung des Insektenmittels DDT erwies sich zwar zunächst als erfolgreich, doch läßt sich DDT aus ökologischen Gründen nicht zwanzig Jahre hintereinander verwenden, und zwanzig Jahre sind der Zeitraum, dessen es bedarf, um die Mikrofilarien, die die Kriebelfliege im menschlichen Organismus schließlich zurückläßt, absterben zu lassen. Auch bestand die Gefahr, die »schwarze Fliege« könne gegen DDT immun werden. So versuchte man es mit »weichen« Insektiziden, vor allem mit dem amerikanischen Präparat Abate, das für Trinkwasser und Fische ungiftig ist. Heute hofft man, weite Gebiete, vor allem im Volta-Becken, »entseucht« zu haben und rechnet sich ungeheure Chancen für eine ertragreiche Landwirtschaft in den bisher menschenlosen Flußtälern aus. Auf 30–40 Millionen Dollar schätzt die FAO die mögliche Produktion landwirtschaftlicher und industrieller Güter in den Flußniederungen – wenn es gelingen sollte, sie bewohnbar zu machen. Doch noch zögern die Bauern aus Mali, Dahomey, Ghana, Niger und Togo, in die Täler zurückzukehren;

von der Kriebelmücke wissen sie wenig, aber sie wissen, und das seit Generationen, daß aus den fließenden Gewässern die Finsternis kommt. So ist Aufklärung über die Zusammenhänge ein wichtiger Bestandteil der Arbeit all derer, die gegen die »Finsternis« kämpfen. Nicht ein böser Flußgeist ist es, der Blindheit bringt, sondern ein Insekt, eine kleine Mücke, die sich im menschlichen Unterschenkel festhängt und dort ihre Blutmahlzeit nimmt. Dabei schlüpfen Oncholarven ins menschliche Gewebe. Diese entwickeln sich später zu Würmern, die sich häufig geballt zu sichtbaren Zysten im Körper niederlassen. Einmal niedergelassen, produzieren die weiblichen Würmer, die bis zu 75 cm lang werden (das Männchen ist nur fünf cm lang), aber wie ein Wollknäuel zusammengeballt sind, neue Larven: 5000 und mehr pro Tag. Diese Larven bewegen sich über den ganzen Körper verteilt in der Unterhaut und verursachen das große Jucken, das diese Krankheit im ersten Stadium begleitet. Später gelangen sie auch ins innere Auge. Als ich zum erstenmal im Untersuchungsgerät – vor dem überwältigenden Augenhintergrund, der aussieht wie der Himmel am ersten Schöpfungstag – Hunderte solcher kleiner Würmer schwimmen sah, verschlug es mir den Atem. Die mikroskopisch kleine Vernichtung des Wesens Mensch ist noch geheimnisvoller, abgründiger als die durch Unfall oder Krieg. Und dann sagte auch noch eine sanfte Arztstimme an meinem Ohr: »Ein wirkliches Heilmittel haben wir bisher nicht gefunden!«

Kevin, der drahtige Kanadier, zeigt mir die von der Christoffel-Blindenmission errichteten Gebäude des Ausbildungszentrums. Hier zwei geräumige Europäerhäuser, eines wird von Simon B. und seiner Familie bewohnt, das andere steht im Augenblick leer. Nur ein Namensschild erinnert an die schweizerische Familie »Dettwiler«, die hier mit den unvergessenen »Leues« das Zentrum aufgebaut hat. Vor den Häusern Gemüsegärten, ein paar Blumen, dann Viehweide und ein Hüttenhalbrund im afrikanischen Stil, das im Augenblick von Kevin bewohnt wird. Dem Sonnenuntergang zu noch ein Rundbau mit einem weiten Innenhof: Das Haus für die Blindenschulung, daneben eine Kaninchenzucht, eine Baustelle, auf der Versuche mit einfach nachzuahmenden Toiletten unternommen werden, dann Werkstätten und der Fuhrpark (bescheiden, denn es gibt weder Benzin noch Ersatzteile in Ghana), Büros und ein Versammlungsraum für die Mitarbeiter. Ringsum – unbegrenzt – eine jetzt vor Hitze platzende Erde, über die die Bauern ihre Herden zum Impfen nach Garu treiben. »Tierimpfung – das ist so ziemlich das einzige, was hier noch funktioniert«, meint Kevin und müht sich ab, den uralten VW-Bus zu starten, dem Simon heute seinen Vormittag geopfert hat.

Die Nacht »bricht« herein; nie ist mir diese Redensart so plastisch geworden wie hier in Nordghana. Das ist wie ein Theatervorhang, der plötzlich aus dem eben noch blendenden Licht herunterstürzt und kaum Konturen übrigläßt, bis endlich die Sterne über den flachen Horizont heraufschwimmen.

Simon, der Afrikaner – ein Mitarbeiter im Rehabilitationszentrum – hat zu einem Begrüßungsfest in sein Gehöft eingeladen. Das Gehöft liegt mitten im Busch. Dreimal verfehlen wir den Sandpfad, müssen umkehren, neu suchen ohne jedes Erkennungszeichen. Bis ein Junge zwischen den harten Büschen steht und winkt: Rechts, dann bei dem Affenbrotbaum noch einmal rechts! Der Innenhof ist bevölkert mit wogenden Schatten, die erst langsam Gestalt annehmen. Händeschütteln, Händeschütteln – vier Holzstühle sind aufgebaut für die Gäste, dahinter wiegen sich die Frauen in einem sanften Rhythmus. Pito wird angeboten, schmeckt säuerlich und frisch, irgendwo beginnt eine Trommel, wird stärker, löst die summenden Geräusche der Menge ab, in der Hofmitte entsteht ein kleiner Leerraum, Männer treten vor und tanzen. »Bumstanz heißt das hier«, klärt Kevin mich auf, stoßen doch die Tänzer rhythmisch erst mit den Hüften, dann mit dem Hinterteil gegeneinander, ehe sie zum nächsten Partner überwechseln. Außer den Klappern an den Füßen erinnert wenig an afrikanische Kulttänze; die knallroten Turnhosen der Männer lassen eher an die Mitglieder eines Sportvereins denken. Doch bald löst sich die falsche Erwartung; die Selbstvergessenheit, mit der die Männer tanzen, läßt die »Vorführung« zur »Einführung« werden, Einführung in das kaum zu benennende Selbst eines Volkes. Simon, der Gastgeber, verteilt Geld an Sänger, Tänzer und Musikanten, gelegentlich auch an die Frauen, deren Rolle für diesmal darin besteht, die Tanzenden mit hohen Trillern anzuspornen.

Ich sitze hier in der Dunkelheit, eingesponnen in

eine so ganz andere Welt, und staune darüber, daß ich nicht erstaunt bin, hier zu sein. Afrika hat mich wieder, dieser geschundene und doch so poetische Kontinent mit seinen Menschen nach Menschenmaß, die zuweilen aufplatzen wie satte Samenkapseln und Gebete zu den Sternen schicken, Lieder, Rhythmen, Tänze, Beschwörungen ...

»Harmattan«, stöhnt Monika, als ich am Morgen halbverdurstet um einen Kaffee bitte, und erklärt, dies sei der gefürchtete Nordost-Wind aus dem Sahel, der Sand und Sonne über das Land werfe. Das Thermometer steigt auf über vierzig Grad. Splitternackt läuft Sohn Philip durchs Haus; sowohl der Hitze als auch den Afrikanern gegenüber ist er voll herrlicher Unbekümmertheit. Hautfarbe scheint für ihn nicht zu existieren.

Dank der Hitze und einer Taschenlampe (der Generator wird gegen 10 Uhr abends abgestellt) habe ich heute nacht Bekanntschaft mit WIDNAM gemacht, dem Gott des Stammes der Kusase, die hier um GARU zu Hause sind. Nach einer Volkszählung von 1960 wird der Kusase-Distrikt von 175 000 Menschen bewohnt. Wie weit sich diese Zahl in den letzten zwanzig Jahren verändert hat, vermochte mir niemand zu sagen.

Ich notiere ein paar Anmerkungen aus dem hochinteressanten Buch von Ernst Haaf:

– Die Kusase siedeln nicht in geschlossenen Dörfern, sondern in vereinzelten Gehöften. Die Familie ist eine gesellschaftliche Einheit für sich; Mehrehe gehört zur Tradition. Bis zum Beginn der englischen Kolonialzeit kannten die Kusase weder Könige noch Häuptlinge. Die geistige Autorität lag beim Tendan, dem Erdherren. Der Erdherr ist – wie sein Name sagt – der Hüter der Erde; er bestimmt, welches Feld welchem Mitglied der Gemeinschaft zur Bearbeitung übergeben wird. Der Boden ist unteilbar, unverkäuflich; er gehört nicht dem einzelnen, sondern der Gesamtheit.

– Nicht, wie so oft angenommen, Fetischismus, sondern der Glaube an einen Schöpfergott ist die Grundlage der Religionen Westafrikas. Die Kusase nennen ihren Gott Widnam. Er ist ein guter Gott – Widnam budit sam we ka le yuad sam – »er borgt nicht, er schenkt«.

Daß der Weg von Widnam zum Schöpfergott der Christen nicht weit ist, erlebe ich an diesem Sonntagvormittag beim Gottesdienst der presbyterianischen Kirche unweit der Blindenfarm. Unter einem Baobab, dem geheiligten Affenbrotbaum, der oft eine weiße Binde als »Kleid« trägt, finden sich die Gläubigen zusammen. Sie singen und tanzen. Die Bibelauslegung des afrikanischen Evangelisten ist einfach und volksnah. Jesus beruhigt Meer und Wind. Ein Bild wird aufgehängt, die Kusase-Tradition beschworen. »Wenn so etwas passiert wie ein Sturm, dann fragt Ihr Euch: Was ist in mir, in uns, das diesen Sturm angezogen hat? Welches Hindernis, welche Sünde? – Und wenn Ihr einen reißenden Fluß überquert, will es Eure Sitte, daß Ihr vorher ein Opfer bringt ...«

Am Ende der Feier wendet sich das greise geistliche Oberhaupt der Gemeinde (das den traditionellen Baga, den Wahrsager und Berater der Kusase, abgelöst hat) an uns. »Es gehört zu unserer Tradition, die Gäste zu einem Mahl einzuladen; vergebt uns, wir sind arme Leute, und nichts ist vorbereitet ...«

Während dieser würdigen Ansprache hat sich der Evangelist auf sein Fahrrad geschwungen und ist in einem Gehöft verschwunden. Jetzt kommt er zurück und überreicht Simon B. ein an den Beinen zusammengebundenes, mageres Huhn. Gastgeschenk der Armen!

DUNINYA ANI MELIGIM – die Welt ist wie Tau! An diesen Kusase-Satz muß ich jetzt, auf dem Weg nach Kugpiella, denken. Es ist früh am Tag; noch liegt das Land in großer Stille. Simon will mir die Seifenfabrik zeigen, die von der Blindenmission als *eine* Möglichkeit der Rehabilitation für Nichtsehende in einem Dorf aufgebaut ist. Jeweils zwei Blinde und ein Behinderter arbeiten zusammen; zwei Schichten lösen einander ab. Seife ist im Augenblick ein begehrter Artikel in Ghana, mit dem man selbst Zollbeamte zu Freunden machen kann. Als Ausgangsprodukt dient das Öl der Sheanuß, die in dieser Gegend wächst.

Ich unterhalte mich mit Abanga, während er Wasser aus einem Brunnen schöpft, der zur kleinen Fabrik gehört. Abanga, 22 Jahre alt, wurde blind als Kind. Masern, wahrscheinlich. Genau weiß er es nicht. Er hat vier sehende Geschwister. Der Pastor schickte ihn für sechs Jahre in eine Blindenschule des Südens. Abanga kann lesen und schreiben. Auch weben hat er gelernt. Jeden Tag läuft er allein von seinem Gehöft zur Fabrik; er fühlt sich wohl hier, sagt er ungefragt. Laar, der zweite Blinde, ist Vater von zehn Kindern. Wie alt er ist, vermochte er nicht zu sagen. Vor fünf Jahren wurde er blind – Oncho! »Die anderen Blinden sitzen zu Hause und können nichts tun. Da ist es schon besser, eine Arbeit zu haben«, meint Laar.

Die beiden Blinden und der Junge, dem man ein Bein amputiert hat, ergänzen einander gut. Behinderte sind es auch, die die Seife auf dem Markt von Garu verkaufen. CBM-Spender haben ihnen einen Eselkarren zur Verfügung gestellt.

In einem kleinen Gehöft der Siedlung Sissi sind vier blinde Frauen dabei, auf dem Steinboden Sheanüsse aufzuklopfen. Es fällt ihnen schwer, die faulen Früchte auszusondern; so geschieht es, daß das Öl gelegentlich nicht so rein ist, wie es für die Seifenherstellung sein müßte. Simon B. weiß um das Problem; es ist nicht das einzige. Er fragt eine der Frauen, ob sie wisse, wie schauderhaft unterernährt ihr Kind sei. Sie nickt; sie weiß es. Oft genug hat die Familie nichts zu essen. Der Mann ist auch blind; die älteste Tochter liegt im Sterben. Wo sich so viel Unglück zusammenballt, wird auch Simon, der so phantasievolle junge Leiter des Garu-Projekts, machtlos. Man kann, will nicht Almosen geben, sondern den Blinden helfen, sich selbst zu helfen. Das ist der Auftrag, schwer genug zu erfüllen in einem Gebiet, wo jede Familie mindestens ein blindes Mitglied hat.

Da sitzt eine alte Frau im Schatten des Strohdachs und dreht Schnüre zusammen. Für einen Knäuel braucht sie drei Tage. Einen Cedi – siebzig Pfennig – bekommt sie dafür auf dem Markt. Dieser Cedi ist wichtig, weist sich durch ihn doch die Frau als nützliches Mitglied der Familie aus.

Und plötzlich wird der dürre Boden grün – unglaublich grün. Wir sind bei den »Trockengärten« von Sissi, am Saum eines Stausees, der auch jetzt während der Trockenzeit noch immer genügend Wasser hat, um die Rinder der »Reichen« und die Zwiebelplantagen der Blinden zu nähren. Eine Hälfte dieser künstlich bewässerten »Trockengärten«, oder besser: »Trockenzeit-Gärten«, wird von sechs Blinden bearbeitet, die andere von sechs Sehenden. Die Beete der Blinden sind ebenso ordentlich wie die der Nachbarn, doch ein Feld ist abgeerntet. Ruhig fragt Simon, warum der Blinde seine Zwiebeln vor der Zeit aus dem Boden geholt habe. Die demütige Antwort: »Ich habe sie abgetastet und glaubte, sie seien reif.«

Vierzehn solcher Trockengärten werden inzwischen von Blinden bewirtschaftet; der Erfolg macht Schule – auch bei den nichtblinden Bauern. Jeden Morgen kommen die Männer, manchmal allein, manchmal in Begleitung von Kindern, um vor Sonnenaufgang ihre Beete zu bewässern. Dann wird Unkraut ausgerupft zwischen den Pflanzen, werden die Zwiebelblüten gekappt, neue Pflanzreihen vorbereitet. Ich beobachte einen der Blinden beim Zwiebelsetzen; zwischen zwei Zwiebeln wird immer die »Handbreit« als natürliches Maß, als Pflanzabstand benützt. Und weil sie für den Umgang mit der Erde nur ihre Hände haben, gerät dem Blinden jede Berührung mit einem Blatt oder einer Blüte fast zur zärtlichen Gebärde.

Über fünfzig Blinde arbeiten heute in solchen Trockengärten und beweisen damit nicht zuletzt auch den Sehenden, daß sie für die Feldarbeit keineswegs untauglich sind – ein wichtiger Lernprozeß!

Abend in Garu, im landwirtschaftlichen Ausbildungszentrum der CBM. Mag die Emsigkeit von Menschen und Maschinen hier gelegentlich den Eindruck erwecken, eine Großfarm würde bearbeitet und verwaltet, entdeckt man allmählich, daß die eigentliche Arbeit hier nicht aus Mammutprojekten, sondern aus vielen kleinen, geduldigen Schritten besteht.

Ich schaue zu, wie blinden Bauern, Männern und Frauen, beigebracht wird, eine Erdmauer zu bauen, den Anfang eines späteren Kaninchengeheges. Jetzt ist es eine junge Frau, die sich abmüht, die Konturen der teigigen Masse ertastet, die da vor ihr liegt. Da schieben sich die Hände des »supervisors« über die ihren, führen sie behutsam zwischen Schlamm und künftiger Mauer entlang und – die Frau lächelt. Weil sie spüren kann, daß etwas wächst, was sie selbst geschaffen hat.

Vor dieser Szene begreife ich plötzlich, daß es bei den Kursen in der Lehrfarm nicht nur darum geht, Blinde wieder in die Arbeitswelt zu integrieren, sondern auch – und vielleicht noch mehr – darum, die jungen afrikanischen Helfer fast absichtslos zu erziehen zu Rücksicht, Erbarmen und Nächstenliebe.

Für den von außen kommenden Beobachter ist es wichtig zu erleben, wie der ganze »Großbetrieb« der Ausbildungsstätte immer wieder jäh zusammenschrumpft zu einem Gesicht, einer Hand, die eine andere Hand anleitet, einem ermutigenden Wort. Die Schicksale der Blinden, die an den verschiedenen Kursen teilnehmen, gleichen sich auf atemberaubend monotone Weise: Man ist eben blind, weil man in Sissi wohnt oder anderswo in der Nähe des Flusses, weil man zu den 20% gehört, die früher oder später an Oncho erblinden, oder man ist blind, weil man als Kind die Masern bekommen hat oder sonst eine an sich harmlose, hier aber unversorgt gebliebene Krankheit.

Zwei Situationen: Seed, einer der Blinden, der am Kaninchenkurs teilnimmt, ist um vier Uhr früh aufgestanden und ganz allein fast 30 km zu Fuß zum Zentrum gelaufen. – Gladys, bewährte Lehrerin der Blindenfarm, ist die zweite Frau eines im Süden lebenden Mannes. Um ihre fünf Kinder ernähren zu können, hat sie sich entschlossen, hier zu arbeiten. Und auch noch ein verwaistes Kind aufzunehmen.

Fünfzehn Kurse haben die CBM-Mitarbeiter 1979 durchgeführt. Landwirtschaft und Trockengarten, Weben und Sheabutterherstellung, Kaninchenzucht und Nähen. 178 Blinde haben bisher an diesen Kursen teilgenommen. Wenn sie in ihr Dorf zurückgekehrt sind, kümmern sich die elf Ausbilder weiter um sie, beraten, planen, verteilen Saatgut, übernehmen die Vermarktung der hergestellten Dinge und ermutigen die Blinden, das Gelernte auch anzuwenden. Dieser Nachbetreuungsdienst in den weit verstreuten Siedlungen ist fast noch wichtiger als die Lehrgänge, die im Zentrum durchgeführt werden. In Garu wird man nicht müde, aus gemachten Erfahrungen zu lernen, neue Wege der Wiedereingliederung der Blinden zu versuchen und – ganz allgemein – die Lebensbedingungen der Kusase zu verbessern. Die Pflüge etwa, die Simon in Obervolta gekauft hat, werden preisgünstig an die Bauern weitergegeben. Zu den Pflügen gehören Zugtiere, die hier weitgehend unbekannt sind. Die mageren Rinder, die überall um die Gehöfte weiden, werden traditionsgemäß dazu nicht benützt. Sie sind gleichsam die lebendige Sparkasse der Familien, das Zahlungsmittel für den Braut-Preis der Söhne. Eine zukünftige Frau kostet vier bis fünf Rinder. Die Blindenfarm ermutigt zum Ankauf von Zugtieren und gibt Kredite. Achtzig Schafe sind im letzten Jahr zudem unter zwanzig Blinde verteilt worden. Nicht als Geschenk; nach drei Jahren muß die Familie vier Lämmer an das Zentrum zurückgeben – die dann wieder weiterwandern zum nächsten Blinden. Erst in den Anfängen ist die Kaninchenzucht; man will herausfinden, ob Blinde in der Lage sind, selbständig eine solche Zucht zu betreiben. Und der Straßenbau, und der Brunnenbau . . .

»Man kann sich nicht vorstellen«, sagt Simon B., »wieviel Zeit und Energie wir darauf verwenden müssen, einfach die Voraussetzungen für die Voraussetzungen unserer Blindenarbeit zu schaffen. Was hilft die fahrbare Augenambulanz von Bawku, wenn die Straßen so schlecht sind, daß sie die Dörfer nicht erreichen kann? Was hilft die Seifenfabrik, wenn wir in Ghana die Rohstoffe nicht bekommen können? Was helfen mir die Instruktoren, wenn ihre Fahrräder nicht in Ordnung sind? Und was der VW-Bus, wenn ich weder Ersatzteile noch Benzin beschaffen kann oder wenn ich dafür eigens jedesmal nach Togo oder Obervolta fahren muß?«

Es stimmt – jeder Schritt in Richtung der Blinden setzt in Garu 1000 banale, unerläßliche andere Schritte voraus.

Woricambo – noch einmal Trockengärten, noch einmal diese grünen Teppiche mitten im dürren Land. Wie traurig, daß die Blinden nicht sehen können, welche kleinen Wunder der Hoffnung sie hier aus dem Boden zaubern!

Daam tastet die Pfeffersträucher ab, die er neben das Zwiebelbeet gepflanzt hat. Vor neun Jahren wurde er blind. Sieben Jahre lang tat er gar nichts, weil er es sich nicht zutraute, etwas zu tun. »Eine schlimme Zeit«, sagt er heute. Daam hat fünf Kinder. Das jüngste hilft ihm bei der Gartenarbeit.

Colan wurde vor vier Jahren blind. Hier fragt man schon gar nicht mehr nach Gründen für die Erblindung. Sobald es um Erwachsene geht, kann man sicher sein, daß Onchozerkose der Grund ist. Colan ist einen Schritt weiter als Daam: Gemeinsam mit seinen sieben Kindern bearbeitet er zu Hause die Felder, baut Mais an und Hirse.

Im Gespräch mit Simon bitten die Blinden von Woricambo um etwas zu essen. Simon wehrt ab. Dieses Jahr war die Ernte gut gewesen; man will nicht Bettler züchten, sondern verantwortliche Menschen. Wieviel von der letzten Ernte noch übrig sei, fragt er die Blinden? Etwas –. Natürlich weiß Simon auch, daß hier im armen Norden von Ghana die tägliche Lebens-, die tägliche Überlebensfrage der Bauern und ihrer Familien lautet: Was essen wir? Schon TIZET, der Hirsebrei, ist keine Selbstverständlichkeit.

»Was habt Ihr heute gegessen?« – bitte ich Simon, die Gruppe der rund zwanzig Personen zu fragen. Nichts – aber vielleicht heute nachmittag! Nicht einer der Erwachsenen, nicht eines der Kinder hatte nun, am späten Vormittag, etwas im Magen.

Manchmal wird das Elend so kraß, daß Blindheit nur noch wie eine zusätzliche Plage erscheint: In Pogadur besuchen wir einen halb verfallenen Rundbau. Dreiundzwanzig Menschen leben in den Hütten. Vier von ihnen sind blind, zwei haben Tuberkulose im letzten Stadium, eines der sieben Kinder ist unlängst gestorben.

Ähnlich sieht es im Wohnhof von PAUL aus. Paul ist Christ. Seine Frau und zwei Kinder sind blind, die drei anderen haben Tuberkulose. Trotzdem versucht Paul tapfer zu überleben. Er baut Mais an. Die ihm von CBM-Spendern zur Verfügung gestellten vier Schafe haben sich inzwischen auf zwölf vermehrt. Während der Saatzeit bekommt Paul einen Pflug und einen Ochsen geliehen. Trotzdem gerät die Familie immer wieder an den Punkt Null: Die Hirsevorräte sind aufgebraucht. Geld, um auf dem Markt teure Hirse zu kaufen, besitzt keiner.

Am Nachmittag besuchen wir eine zehnköpfige Familie, deren Rundhütte in der Nacht abgebrannt ist. Ein Instrukteur hatte das Zentrum alarmiert. Welch erbärmlicher Anblick! Vor den rauchenden Trümmern sitzen alte Leute und Kinder, ratlos, hilflos. Vier der zehn Familienmitglieder sind blind. Daß auch die Hirsevorräte angesengt worden sind, macht die Sache noch schlimmer. Und die Nachbarn wollen nicht helfen. Warum? Simon wird zum Friedensrichter. Er besucht den »Häuptling« der Gegend, den Dorfältesten. Warum wollt ihr nicht helfen? Großes Palaver. Schließlich zeigt sich, daß die Familie des abgebrannten Gebäudes einmal aus einem Dürregebiet hierher eingewandert ist und keine Verwandten hat. Mit afrikanischer Geduld kreist Simon die »Autoritäten« ein. Schließlich ist der Häuptling bereit, fünfundzwanzig Leute für den Neubau zur Verfügung zu stellen. In der Nähe eines Brunnens, dort wo die Ahnengräber sind. Der Dorfälteste fügt hinzu: »Arbeitskräfte ja, aber wir sind selbst so arm, daß wir ihnen nichts zu essen geben können.« Simon verspricht Abhilfe. In einer Woche also, wenn die Dorfversammlung stattgefunden hat, wird ein Instrukteur hier ins ferne Dorf für dreißig Menschen Essen anschleppen müssen. Und bis dahin muß die Familie ernährt werden. Auf dem Nachhauseweg wird Simon, der eben noch mit Schläue und Geschick die schwierige Situation gemeistert hat, nachdenklich. »Es ist nicht einfach, immer wieder den Menschen, *nur* den Menschen in den Mittelpunkt all dessen zu stellen, was wir tun. Immer wieder droht man zum »Manager« zu werden oder zum weißen Wundermann, der alles kann und alles möglich macht. Deshalb sagen wir uns immer wieder: Nicht zu viele Projekte auf einmal – sonst kann man sich nicht mehr hinsetzen, palavern, zuhören, Pito trinken.«

Im Lauf der Tage entdecke ich zu meiner Überraschung, daß Simon, Monika, Kevin und die Kinder bei weitem nicht die einzigen Europäer sind, wie man eigentlich annehmen könnte, in einer so lebensfeindlichen Gegend. Doch da kommt der Besucher vorbei und jener, in Garu gibt es zwei Weiße Väter der katholischen Kirche, junge Holländer haben sich nach einer Saharadurchquerung vorübergehend bei Kevin einquartiert und reparieren zum Dank für die Gastfreundschaft Autos und Elektroanlagen, und wie schließlich der afrikanische Leiter des Landwirtschaftszentrums (auch von der presbyterianischen Kirche getragen) Geburtstag feiert, kommt es zu einer Begegnung mit den weißen Freunden von nah und weit.

Bawku wurde eine Art Missionszentrum, weil die Regierung Ghanas keine eigenen Leute fand, dort zu arbeiten. Das war die große Chance der Presbyterianischen Kirche und der Basler Mission. Inzwischen ist auch die CBM Teilhaber dieser Verantwortung. Dort hat man seit so vielen Jahren offiziell der Kirche eine Aufgabe gegeben, die auch manchmal eine große Last sein kann. Ich erinnere mich, in dem Buch über die Kusase gelesen zu haben, der Missionsarzt Dr. Fisch habe vor 50 Jahren noch mehrere Tage gebraucht, um von Bawku nach Garu zu kommen; heute braucht das Auto dazu eine gute Stunde. Und so kommt auch der holländische CBM-Augenarzt Dr. Klein-Poelhuis auf einen starken Kaffee vorbei, wenn er mit seiner mobilen Augenklinik in der Nähe ist oder im Hospital von Garu Nachmittagsdienst hat.

Siguri – zunächst nichts weiter als ein riesiger Baum, unter dem Hunderte von Menschen stehen, sitzen, liegen, palavern und Pito trinken. Hinter dem Baum eine Menschenschlange; bis Mittag wird sie auf 720 Patienten angewachsen sein. Am Ende der Schlange ein kleines Gebäude, in dem Helfer Medikamente verteilen, daneben die mobile Augenklinik, ein phantastisches Ungetüm an technischer Perfektion mitten im Busch; hier behandelt Dr. Klein-Poelhuis die schwereren Fälle. Draußen Szenen von biblischer Eindringlichkeit; herinnen die kühle Wissenschaftlichkeit des späten 20. Jahrhunderts.

Siguri ist ein wichtiges Testgebiet für die medizinische Bekämpfung der Onchozerkose. Die *ganze* Bevölkerung des Gebiets wird erfaßt, Kranke wie Nichtkranke. Um zu erreichen, daß wirklich alle kommen, wird den Nicht-Infizierten eine harmlose Vitamintablette verabreicht, während die Oncho-Kranken nach einer neuen Behandlungsmethode von Dr. Klein-Poelhuis mit einer sehr geringen Dosis von »Banocide« behandelt werden. Die neue Methode aber verlangt eine regelmäßige Kontrolle aller Behandelten. Mit Hilfe der Spaltlampe wird die Zahl der Mikrofilarien im Auge gezählt. Nach einer Behandlungszeit von sechs Monaten hat sich in vielen Fällen diese Zahl beträchtlich verringert – eine erste, noch nicht gesicherte Chance für eine Massenbehandlung der Onchozerkose in den afrikanischen Ländern.

Am frühen Nachmittag rumpelt die mobile Augenklinik, vollbeladen mit Patienten, darunter vielen Malariafällen, zum Gesundheitszentrum in Bawku. Wieder Sprechstunde, wieder das aufmerksame Hineinschauen in das Wunder des Menschenauges, das von einem mikroskopisch kleinen Lebewesen zerstört zu werden droht.

Nicht ohne Stolz hat Simon mir auf dem Rückweg seine »Pioniertrupps« gezeigt, die jetzt in der Trockenzeit die Straße nach Siguri regenfest machen – damit die Augenklinik durchfahren kann. So greifen die verschiedenen Aktivitäten der CBM-Arbeit in Nordghana nahtlos ineinander über, beseelt vom gleichen Geist des Dienstes am Nächsten.

Letzte Station – Bawku! Verglichen mit Garu ist Bawku fast eine Stadt, jedenfalls das größte Zentrum hier im Norden Ghanas. Zu kaufen allerdings gibt es auch in Bawku kaum etwas. Viele Läden sind geschlossen, die Jalousien heruntergelassen. Ein Schild an der Tür: »keine Ware«, oder nicht einmal ein Schild. Jeder weiß ohnedies, daß die meisten Dinge nur auf dem Schwarzmarkt oder jenseits der Grenzen, in Togo und Obervolta, zu haben sind. Ein seltsamer Tausch; über die Landesgrenzen nämlich wechseln in umgekehrter Richtung zahllose Kranke, die im Bawku-Hospital Hilfe und Heilung suchen.

In seinem Ghana-Reisebericht von 1978 erzählt Dr. A. Leue, der Pionier der Blindenarbeit in Nordghana, über das Krankenhaus: »Weniger beliebt ist dieser ›Buschposten‹ bei den Ärzten, denn von insgesamt acht Arztstellen sind zur Zeit nur fünf besetzt, und von diesen sind vier Missionsärzte aus Europa. Direktor des 280-Betten Hospitals ist ein Afrikaner, der von der CBM unterstützte Augenarzt Dr. Charles Akuamoah. (Er hat übrigens in der Schweiz studiert, und ist mit einer Schweizerin verheiratet.) Das mangelnde Interesse der Ärzte, hier Dienst zu tun, erklärt sich mit der geographischen Abgeschiedenheit, einer oft mangelnden Versorgungslage, dem heißen Klima und nicht zuletzt den kleinen Gehältern, die die Regierung zu zahlen in der Lage ist – ein Arzt verdient ca. 1000 Cedis, das sind 700 DM.«

Soweit Adolf Leue. In den sechzehn Monaten, die seither vergangen sind, hat sich an der Grundsituation wenig geändert. Doch – die Zahl der Patienten ist weiter gewachsen, die Seifenrationen sind noch kleiner geworden (vier Stück Seife pro Tag für die gesamte Krankenhauswäsche!), aber das neue Augenhospital – ein Fertigbau aus Holland – ist bereits in Betrieb genommen. Stolz zeigt mir der Missionsarzt Jan sein Untersuchungszimmer. Er wirkt gelassen und fröhlich, doch beim Anblick eines alten Mannes, dessen Augen sich unter der Spaltlampe als wahre Tümpel entpuppen, bricht es aus ihm heraus: »Stellen Sie sich vor; nach gewissen Schätzungen gibt es in Afrika mehr als 20 Millionen Oncho-infizierte Menschen. Wenn man rechnet, daß etwa 30% von ihnen blind werden ... ein wahres Heer von Blinden! Ja, die WHO hat gute Arbeit getan. Aber schon hat man in Mali festgestellt, daß die Kriebelmücke immun geworden ist gegen die Insektizide! Und wer kümmert sich um die Sehbehinderten, die Blinden hier? Niemand! Wenn die Christoffel-Blindenmission nicht wäre, gäbe es nichts, absolut nichts im Norden. Die Regierungsbeamten kommen zu uns, wenn sie eine Brille brauchen. Das ist alles. Wo bleibt das Gewissen der Völker? Solange eine menschliche Gemeinschaft – Volk, Stamm oder Familie – nicht Platz hat für seine Schwachen, die Alten, die Behinderten, die Kranken – solange bleibt Christus noch einiges zu tun auf der Erde. Und uns – den Christen!«

Jan, der sich eigens zum Augenarzt ausbilden ließ, als er hier auf die Tragödie der Flußblindheit stieß, wütet gegen die Gleichgültigkeit der von Amts wegen Verantwortlichen, um gleich darauf einen in Fetzen gekleideten Bauern behutsam zum Untersuchungsstuhl zu führen. Von den Mühen seines eigenen Lebens hier in Bawku kein Wort. In der Tat werden die zahllosen kleinen und großen Lästigkeiten eines Europäerlebens in Nordghana zweitrangig, sobald man nur einen Blick auf die Kinderabteilung des Hospitals wirft, auf diese abgemagerten kleinen Gespenster mit Schwären und Wunden, Verkrümmungen und Gebrechen, die hier hoffen, von den Ärzten wieder zum Leben erweckt zu werden.

Zu welchem Leben?

Verläßt man die Hauptstraße, die Garu und Bawku mit Obervolta verbindet, ist es mit den ohnedies bescheidenen öffentlichen Verkehrsmitteln bald zu Ende. Nach Binaba etwa, einem Dorf jenseits der magischen Grenze des großen Flusses Weißer Volta, fährt einmal in der Woche ein Bus. So sammelt Simon mit seinem Geländewagen eine Gruppe von Bauern ein, die sich zu Fuß auf den Weg gemacht haben – fünf Stunden Fußmarsch in der bleiernen Mittagssonne, erdrückt von Kanistern und Körben und Taschen. Wieder einmal denke ich: Welch übermenschliche physische Belastung die Armen der heißen Zonen jeden Tag auszuhalten haben! Davon wird kaum je gesprochen; immer nur von der Trägheit, der Arbeitsunlust dieser Völker!

Als wir die Notbrücke über den Fluß überqueren, macht Simon mich auf zwei Männer aufmerksam, die mit aufgekrempelten Hosenbeinen scheinbar untätig in der Sonne liegen. Es sind »Späher« des WHO-Programms, die die Aufgabe haben, die Schwarze Fliege anzulocken und ihre Häufigkeit zu registrieren. Sieben waren es gestern; von einer endgültigen Ausrottung der Kriebelfliege kann hier also wohl kaum schon die Rede sein.

Binaba – das ist für das Blindenausbildungszentrum in Garu der Schritt über den Fluß hinaus, der Schritt ins Morgen, der Schritt zu einer neuen Ökumene. Denn in Binaba wird die anglikanische Kirche der Gesprächs- und Arbeitspartner sein, nicht mehr die presbyterianische Kirche. Das junge deutsche Ehepaar S. wurde vor Monaten von der CBM zum Aufbau dieser Außenstation entsandt. Klaus S. ist Landwirt und Techniker zugleich. Einige junge Leute hat er bereits zur Ausbildung als Ausbilder nach Garu geschickt. Sie sind ein gutes Team. Wochenlang war Klaus damit beschäftigt, für seine Familie eine afrikanische Rundhütte sowie Wirtschaftsgebäude für die neue Lehrfarm und Ställe für Kleintiere zu errichten, seinen nahezu schrottreifen Bus notdürftig in Gang zu halten und sich im vier Stunden entfernten Obervolta mit ein paar Kanistern Benzin zu versorgen. Klaus und seine Frau, die ihr zweites Kind erwartet, sind es, die mich schließlich nach Ouagadougou zurückbringen.

»Wie halten Sie das aus«, frage ich Frau S. spontan – »die totale Isolierung, das Fehlen von Gesprächspartnern, die wasserlose und lichtlose Wohnung seit Monaten, das ganze, so überaus bescheidene Leben ohne jeden Komfort. Vom Klima gar nicht zu reden. Und all das kurz vor einer Entbindung ...?«

Sie lacht, holt ein paar Kekse aus der Tasche, die sie selbst gebacken hat nach bester deutscher Hausfrauenart, – »eigentlich wollten wir gar nicht nach Afrika. Aber jetzt wissen wir, daß dies der Platz ist, an dem Gott uns haben will. Durch uns will er den Menschen hier helfen. Und diese Gewißheit genügt. Es gibt genug zu tun.« Wie um ihr für dieses einfache Bekenntnis zu danken, zieht in diesem Augenblick eine Elefantenherde majestätisch über die Straße.

Das Beispiel Nümbrecht

Als zauberhaftesten Ort des oberbergischen Landes preisen Fremdenverkehrsprospekte das Dorf Nümbrecht. Etwas vom Charme dieser Gegend bleibt auch noch unter den Regenschauern spürbar, die uns seit Köln begleitet haben: Hügel, Blumen, ein Park, hübsche Einzelhäuser, entlang einer kleinen Straße aufgereiht, eine Kirche mit spitzem Turm, Dorfläden, in denen wohl jeder noch jeden kennt. »Märchenpark« entziffert mein siebenjähriger Sohn begeistert, und während ich noch Mühe habe, ihm zu erklären, daß wir ein Blindenheim suchen und keinen Märchenpark, schieben sich zwei Frauen mit weißen Stöcken langsam den Hang hinauf. Und werden so mir, der Sehenden, zu Führern.

In der Nähe besehen besteht das »Haus« aus drei Häusern, dem »Altbau«, dem »Neubau« und einem Gästehaus, das auch vom Hausmeister und einigen Angestellten bewohnt wird. Kein besonders schöner Bau, kein häßlicher Bau, ein Komplex wie eine Fremdenpension, umgeben von Grünflächen und Bäumen. Was mir zuerst auffällt, sind die grünen Stangen entlang aller Wege. »Eine teure, aber zweckmäßige Neuerwerbung«, wie ich später vom Hausvater erfahren sollte – »sie gibt den Blinden das Vertrauen und die nötige Hilfe, allein spazierengehen zu können.« Dem gleichen Zweck dienen die hohen Bordsteinkanten, dient das strikte Parkverbot entlang der kleinen Straße.

Auf dem Weg zum Altbau – dem Haus, das Pastor Christoffel unmittelbar nach dem Krieg für Kriegsblinde hatte errichten lassen – kreuze ich einige Hausbewohner, die mit der Sicherheit von Sehenden dem Haupteingang zustreben. Essenszeit. – Es gibt eine süße Suppe und belegte Brote. Daran, daß man uns Gästen eine Platte mit Wurst und Schinken vor den Teller gestellt hat, entdecke ich eine der tausend Winzigkeiten in der Problematik des Zusammenlebens von rund achtzig blinden Menschen: für achtzig Menschen muß die Küche jeden Abend die Brote vorrichten!

Mein Sohn Jung-Jae und ich sitzen am Tisch des Ehepaars F. Jung-Jae beobachtet seine Gegenüber aufmerksam, dann meint er: »Ich glaub Euch nicht, daß Ihr nichts sehen könnt ...«

Und prompt bin ich es, die ihren Tee über den Rock schüttet, während Herr F. auch noch das letzte Krümelchen Brot von der Tischdecke tupft. Allgemeines Gelächter; wenig später sehe ich Herrn H., der mitten im Regen vor dem Haus sein abendliches Fitnesstraining absolviert. Als ich es etwas überrascht Frau F. berichte, meint sie: »Hier versucht man, sich in Form zu halten.« Das entspricht meinem Eindruck beim Abendessen. Alle Hausbewohner (das Wort »Heim« hat noch immer einen Beigeschmack von »Bewahranstalt«, was hier nicht zutrifft) sind tadellos frisiert und gekleidet. Manchen der Damen sieht man noch einen Hauch Alterskoketterie an, eine freche Farbe, ein Löckchen in der Stirn, ein auffallendes Schmuckstück. Man könnte meinen, der Kaffeerunde adretter Bürger beizuwohnen, nur – diese Männer und Frauen sind blind. Wenige von Geburt an, die meisten irgendwann erblindet an einer unerkannten Krankheit oder infolge eines Unfalls; und jetzt sind sie hier, im Evangelischen Blindenheim von Nümbrecht, das ganz auf ihre Bedürfnisse abgestellt ist, und versuchen, oft mit großem Einfühlungsvermögen, aus diesem Haus ihr ZUHAUSE zu machen. Nicht wenige haben ihre Möbel mitgebracht; das ist von der Heimleitung sogar erwünscht, um die Verfremdung nicht allzu groß werden zu lassen – und für die beiden Damen E. und L. gab es sogar eine Sondererlaubnis für den Wellensittich, der jetzt mit Hingabe gepflegt und ... überfüttert wird. Auch die Geranien vor dem Fenster werden von den Blinden selbst versorgt; jeden Morgen zupft Frau E. andächtig die verdorrten Blüten ab, während Frau L. mit dem linken Zeigefinger das Gießwasser in die rechte Richtung bringt. »Geranien riechen zwar nicht besonders«, sagt sie, »aber wir stellen uns eben vor, daß sie rot sind und blühen und sich der Sonne zudrehen.«

Ich unterhalte mich noch ein wenig mit den beiden Damen, Freundinnen seit jeher, Schicksalsgefährtinnen; jetzt haben sie hier zwei hübsche, ineinandergehende Parterrezimmer, der Hausmeister hat ihnen einen Sitzplatz vor der Tür angelegt und ein paar Rosen gepflanzt; das ist ihr Daheim, blitzsauber übrigens, und außer kleinen Klagen über das Essen und dem Wunsch nach ein wenig Sonne sind

Frau E. und Frau L. mit ihrem Schicksal versöhnt. »Gottlob kein Doppelzimmer!« Diesen Satz sollte ich in den nächsten Tagen noch oft hören. Eine Blinde meinte sogar, Doppelzimmer in Häusern wie diesem sollten grundsätzlich verboten sein; für alte und behinderte Menschen stellten sie eine grausame Zumutung dar. Man bekäme eben so seine Eigenheiten im Lauf der Zeit und gerade als Blinder möchte man sich und den anderen gern die unvermeidlichen kleinen Demütigungen ersparen. In Nümbrecht gibt es heute Doppelzimmer nur noch für Ehepaare oder Behinderte, die es ausdrücklich wünschen. So ist jeder frei, sich seine vier Wände selbst zu gestalten, wie dies Frau G. getan hat, eine ehemalige Musiklehrerin aus Dresden, die erst vor fünf Jahren in den Westen gekommen ist.

Frau G. ist heute 78 Jahre alt, was niemand ihr glaubt. Jeden Morgen, nach Frühstück und Andacht, verzieht sie sich in einen Raum im Keller, neben der hochmodernen Küche und – übt Partituren. Sie muß alles im Kopf haben, jede Note – und da sie die Tasten nicht sehen kann, haben ihre Finger eine Treffsicherheit sondergleichen entwickelt. Für Jung-Jae und mich spielt sie ihr Lieblingsstück, ein Prélude von Chopin. Der Siebenjährige staunt: »Wie kannst Du Musik machen ohne Augen, wo ich doch keine Musik machen kann mit Augen?« Frau G. lacht und bittet uns in ihr Zimmer. Sie weiß genau, wo jedes Bild hängt: eine Stadtansicht von Dresden, ein Portrait von Verdi, von Wagner, von Beethoven – »und da sind noch viele, die gern hier hängen würden«, ergänzt sie ihr imaginäres Museum.

Zwanzig Jahre lang ist Frau G. in Dresden Pianistin und Musiklehrerin gewesen, dann begann ihr Augenleiden. Eine Hornhautentzündung mit Geschwüren – genau zu sagen vermochten es auch die rund zwanzig Ärzte nicht, die sie im Lauf der Jahre konsultiert hat. Möglich – so eine Hypothese –, daß die Mangelerscheinungen des Ersten Weltkriegs sich bei Frau G. auf die Augen ausgewirkt haben ...

Ein Bruder fiel im Krieg, der zweite, ebenfalls sehr musikalisch, starb mit dreißig Jahren an Hirnhautentzündung. Auch Frau G.s Eltern sind nicht alt geworden. Mit 25 Jahren heiratete Frau G. – damals noch sehend – einen kirchlichen Angestellten. In Dresden bewohnte das Paar eine Villa, deren Besitz sie später zu »Kapitalisten« werden ließ, »die Situation drüben wurde immer unerträglicher ...«, erklärt Frau G. ihren Abschied von Dresden vor fünf Jahren.

Nach dem Tod ihres Mannes – er starb an Leukämie – war sie auf einmal gänzlich auf fremde Hilfe angewiesen. Aber die Hilfe war kaum zu bekommen. Ging sie mit einer Nachbarin zum Einkaufen, gab es an diesem Tag nichts zu kaufen. Oder es war die Zeit für die Berufstätigen. Oder die Schlange der wartenden Hausfrauen war so lang, daß sie, inzwischen völlig erblindet, den Mut verlor, eine Stunde und mehr zu warten. Mit der Hilfe eines Pfarrers kam Frau G. auf dem Weg über die Familienzusammenführung schließlich in den Westen und nach Nümbrecht.

»Natürlich habe ich kein Wort davon gesagt, daß ich in ein Heim gehen würde; man hätte mich nicht gehen lassen, sondern gesagt, hier, in der DDR, gebe es auch Heime für Blinde ...«

Ost-West-Schicksal noch zur Blindheit dazu. Frau G. ist bei weitem nicht die einzige Hausbewohnerin aus der DDR. Hier scheinen Kirchen und Diakonische Werke einen wichtigen Brückenschlag zu bilden zwischen den beiden Teilen Deutschlands!

Trotzdem: Frau G. hatte am Anfang entsetzliches Heimweh. »Ich hoffte nur immer, daß Gott mir die Kraft geben würde, diese Zeit zu überstehen.«

Ich frage: »Gibt Gott eine Antwort auf die Frage nach dem Warum?« Fast erschrocken dreht sie mir den Kopf zu. »Diese Frage darf man nicht stellen; man bekommt keine Antwort. Ich gehöre nicht zu den Menschen, die geduldig alles hinnehmen, was Gott sozusagen über sie verhängt, aber ich habe gelernt, daß diese Frage einfach sinnlos ist. Außerdem – wo soll man zu fragen anfangen? Wo aufhören? Hier im Haus gibt es Menschen, denen es viel schlechter geht als mir: Taubblinde, Bettlägerige, Gelähmte ... so versuche ich eben, nicht zu klagen, sondern TROTZDEM zu danken.«

Eine Dame aus dem Dorf hilft Frau G. gelegentlich beim Repetieren auf dem Klavier. Das sind ihre schönsten Augenblicke: wieder einmal eine Passage Schubert fehlerfrei spielen können ...

»Musik, Du herrlichste,
vor Dir verschwindet
der Sprache ausdrucksvollstes Wort ...«

»Bitte lesen Sie mir diesen Spruch noch einmal vor«, sagt Frau G. und deutet auf ein Schriftbild über ihrem Tisch: »Musik, Du herrlichste ...« Neben der Schrifttafel ein Foto: Herr und Frau G. bei ihrer Silbernen Hochzeit. Ein rührendes, zärtliches Dokument der Liebe. »Tut es weh«, frage ich, »das Foto Ihres Mannes nie mehr anschauen zu können?« Sie verneint; das habe sie in sich, das Gesicht ihres Mannes, dazu brauche sie kein Foto. Weh täte es im Frühling, im Sommer, wenn die Blumen dufteten und man könnte sie nicht sehen. Einmal hätten Freunde sie auf eine Gartenbauausstellung mitgenommen und immer von den Tulpenfeldern erzählt – »und es wollte und wollte mir einfach nicht gelingen, mir ein blühendes Tulpenfeld vorzustellen!«

»Bitte eine Tafel Bitterschokolade, ein Päckchen Papiertaschentücher und ... und ... eine Flasche Wein; den von neulich, der so gut war! Hier mein Portemonnaie, da muß noch ein Fünfmarkstück drinnen sein und ein Schein ... Übrigens, ist meine Bluse schon gekommen ...?«

Morgenszene in dem »Kantine« genannten kleinen Laden gegenüber dem Speisesaal. Für viele der Blinden, die sich allein nicht in den Ort wagen, ist dies der wichtigste Augenblick des Tages: Wie für Millionen Hausfrauen überall in der Welt, steht auch hier auf dem Morgenprogramm: EINKAUFEN. Die Kantine, die von den Mitarbeiterinnen im Büro abwechselnd betreut wird, gleicht auf den ersten Blick einem Tante-Emma-Laden irgendwo in einem kleinen Dorf. Erst allmählich enthüllt sich, daß es ein kleiner Block ist, der den Laden zum »Supermarkt« ausweitet. *Alles* nämlich kann bestellt werden und wird prompt besorgt. Sogar Kleidung, Wäsche, Schuhe, soweit die Hausmutter nicht selbst ihre Kunden ins Auto packt und mit ihnen in einer feschen Boutique einkaufen geht. Geld ist – gottlob – nicht das Kernproblem der Blinden in Nümbrecht. Von der Sozialhilfe bekommen die, die nicht Selbstzahler sind, 358 DM Taschengeld im Monat. Das ist mehr, als viele Rentner über das Lebensnotwendige hinaus für sich ausgeben können. Geld – so wurde mir in diesen Tagen im Heim einsichtig – ist aber auch ein ganz wesentliches Element, mit dem sonst abhängige Menschen sich ein wenig Würde und Freiheit kaufen können. Für dies eine Mal erschien mir Geld als ein kleiner Pfad zu größerer Menschlichkeit, nicht – wie so oft – als Vorhut oder Nachhut der Unmenschlichkeit.

Einkaufen – man muß das gesehen haben nach dem Frühstück in der Kantine – mit wieviel Aufmerksamkeit und Freude eine Kleinigkeit erstanden wird, wie der winzige Laden sich zur Informations- und Nachrichtenzentrale weitet, zur Plauschecke, zur Gerüchteküche, wie da Einkaufstaschen geschwungen werden wegen einer Tüte Bonbons, und wie schließlich die Mädchen mit großer Geduld das »Verkaufsgespräch« führen um diese Saftmarke oder jene, – wie sie von »Konten« die kleinen Summen gewissenhaft abbuchen oder in einem Geldbeutel nach dem Zweimarkstück suchen, das »ganz gewiß gestern noch dagewesen ist«. Natürlich bekommt Jung-Jae seine Tüte Bonbons, seinen Kaugummi und sagt laut und deutlich zur allgemeinen Verblüffung: »Danke, lieber blinder Mann!«

Neben der Kantine liegen die Büros, das der drei Angestellten, das der Hauseltern Scheer. Beide Räume sind ein wenig auch die »Klagemauern« des

Hauses. Da kommt Fräulein B. in Begleitung von Frau H. und beklagt sich bitter darüber, daß in der Toilette neben ihrem Zimmer geraucht würde. (Rauchen ist aus Sicherheitsgründen nur im Raucherzimmer erlaubt). Da gibt das 44jährige Fräulein H. einen fast fehlerfrei mit der Maschine geschriebenen Brief für das Küchenpersonal ab: man bitte um ein anderes Brot zum Frühstück und Abendessen ... Da klagt Herr Z. zum wievieltenmal darüber, man habe ihm seine Plastikdeckchen entwendet. Und eine Kerze dazu ...

Da erklärt eine Mitarbeiterin Frau Scheer, in das Zimmer 21 würde sie fortan nicht mehr gehen, denn die Blinde dort begrüße sie immer mit dem Satz »Na, Sie diebische Elster ...!« Da wird Herr Scheer zu einer Bettlägerigen gerufen, die plötzlich unruhig ist ...

Ich begleite ihn; Frau A., 84 und völlig gelähmt, liegt im Sterben. Der Hausvater setzt sich zu ihr, betet, tupft ihr das schweißnasse Gesicht ab. Frau A. wird ruhig.

Wieder im Büro, sprechen wir über das Sterben. Die Heimeltern erzählen, daß sie den Schwerkranken ihren Zustand nicht verheimlichen. Tod gehört – gerade in einem Blinden-Altersheim – mit zum Leben. Wenn es möglich ist, wird mit den Kranken gebetet. »Schon ein paarmal ist es mir passiert, daß ein Patient mitten im Sterbegebet, als ich sagte ›der Herr segne Deinen Ausgang und Deinen Eingang‹, seinen letzten Atemzug getan hat, ganz friedvoll«, berichtet Herr Scheer. Seine Blinden haben die Zusage, daß sie hier im Haus sterben können und nicht in ein Krankenhaus abgeschoben werden, wenn es soweit ist. Eine große Beruhigung für viele, wie ich im Lauf der Gespräche erfahren sollte. Stirbt ein Mitglied der großen Familie, findet die Aussegnungsfeier im Haus statt. An der Beerdigung, oft genug auf dem eigenen wohlgepflegten Friedhof, nimmt die Gemeinschaft teil. Für die Katholiken im Heim ist der Pfarrer von Nümbrecht zuständig. Katholische Seminaristen absolvieren ihr Praktikum im Haus; die Ökumene lebt sich problemlos hier, wo das Leiden so allgegenwärtig und das Kreuz so spürbar ist.

Im Büro neben den Hauseltern ist des Kommens und Gehens kein Ende. *Alles* muß von den drei Mitarbeiterinnen für die achtzig Blinden erledigt werden, vom Einkauf über die Kontenführung, über die Antragsstellung, Anmeldungen, Abmeldungen, Privatkorrespondenz, Bestellung von Kassetten, Blindenzeitschriften und Büchern und was noch alles. So ist es nicht verwunderlich, daß die Arbeit der drei Frauen weit über das hinausgeht, was Büroangestellte üblicherweise zu leisten haben. Sie sind Betreuerinnen, Beraterinnen, Freundinnen für die Behinderten, die Anlaufstelle der großen und kleinen Schmerzen. Das ist überhaupt ein Phänomen dieses CBM-Hauses, das mich von Anfang an fasziniert hat: Hierher kommt niemand, nur um zu »arbeiten«. Frau B. etwa, die den Blinden hilft, die Zimmer in Ordnung zu halten, nimmt sich die Zeit zu einem Schwatz, näht hier einen Knopf an, richtet das Kaffeegeschirr, hilft auch einmal beim Kleiderwechsel oder zupft die welken Geranien aus. Das geschieht unaufdringlich, ohne »Betreuergetue«, wie auch im Speisesaal, wo eben dem einen oder anderen das Fleisch vorgeschnitten wird, ohne daß ihn diese Abhängigkeit bedrücken müßte.

Selbst Gott ist in diesem Haus ein diskreter Gast, obgleich viel gebetet und gesungen wird, bei jeder Mahlzeit etwa. Aber auch das fügt sich mit einer gewissen sanften Notwendigkeit ein in den täglichen Rhythmus; Worte des Trostes, die jeder annehmen kann, wenn er will. Im Gespräch mit den Blinden kam es unweigerlich früher oder später zu der Frage: »Hilft Ihnen Ihr Glaube dabei, Ihre Blindheit anzunehmen?« –

Ja –

Herr und Frau F. haben Jung-Jae und mich zum Kaffee eingeladen. In ihr gar nicht großes, doch peinlich sauberes Zimmer, in dem sie sich durch Zuruf verständigen, wie sie lachend berichten. Herr und Frau F. haben vor sieben Jahren hier im Haus geheiratet. Jeder von beiden hat ein Bündel Schicksal und Tragik eingebracht in das späte Glück. Frau F. stammt aus Dresden, aus einer wohlhabenden Familie, wie das Bild einer noblen Villa über dem Tisch zeigt und noch mehr – ihr feines Altdamengesicht. Jahrelang hat sie ihrem Vater den Haushalt geführt; als der Vater starb, entschloß sie sich, in den Westen zu gehen. Ein schwerer Entschluß, aber »ich hatte das Gefühl, geführt zu werden. Und hier lernte ich dann meinen Mann kennen ... Eines Tages wollte ich meine Freunde drüben besuchen fahren, da kam er, nahm mich an der Hand und brachte mich zum Hausvater. Ich wußte gar nicht, was ich dort sollte. Da sagte er: Wir heiraten ...« Herr F. erblindete bereits 1926 als Arbeiter in einer Mine. Er war damals 16 Jahre alt. Später wanderte er von Blindenschule zu Blindenschule, lernte Korb- und Stühleflechten und landete schließlich in den Vossler-Werken, wo er siebzehn Jahre lang Lampenfassungen zusammensetzte, eine Arbeit, die viel Geschick erfordert. Herr F. war verheiratet; darüber spricht er nicht gern; er hat eine Tochter in Dänemark, die ihn manchmal besuchen kommt. In ihrem Nümbrechter Haus hat die Christoffel-Blindenmission eine kleine Werkstatt eingerichtet, dort flicht er Körbe und repariert die Strohstühle aus dem Obergischen. Jung-Jaes kleines Asiatengesicht tastet er ab mit ganz zarten Händen, und der Siebenjährige hilft ihm bei der Beschreibung: schwarze Haare, kleine Nase, Augen wie ein Chinese ... Für die nächsten drei Tage sollte Jung-Jae nicht mehr von der Seite Herrn F.s weichen. »Warte, ich führe Dich, denn Du kannst ja nicht sehen ...«, und Herr F. steht geduldig im Regen vor der Tür und wartet auf das Kind, mit dem er sich angefreundet hat.

Frau F. deckt den Kaffeetisch mit der Anmut der geborenen Dame. Nichts wird vergessen; nur das Einschenken schafft ein klein wenig Probleme. Sie ist Vorsitzende des Heimbeirats, denn ohne Pflichten und Verantwortungen kann sie nicht leben, und gemeinsam kümmert sich das Ehepaar um eine schwerbehinderte Nachbarin im Heim. Beide strahlen Ruhe und Zufriedenheit aus. Sie erzählen von der Lerche, die sie im Frühjahr jubeln gehört haben, vom Muhen der Kühe, dem Ruf eines Kuckucks und dann – der jähe Schmerz, den Frühling nicht einfangen zu können mit den Augen. »Wenn wir im Kurpark spazierengehen«, sagt Frau F., »dann wissen wir, alles blüht, aber wir können es nicht sehen. Ich kann die Rosen riechen, und manchmal sage ich zu meinem Mann: »Wenn ich eine Rose hätte im Zimmer und den Duft riechen könnte und sie abtasten mit den Händen ... Gewiß, man hat eine Erinnerung, eine Vorstellung, aber man will sehen dürfen, noch *einmal* sehen – diese Sehnsucht bleibt!«

Sehnsucht hat auch Herr M., der seit 17 Jahren hier ist. Sehnsucht nach seiner Zeit als leitender Angestellter ein Gummibandfabrik in Wuppertal. Stolz berichtet er mir von all den Aufgaben, die er damals zu erfüllen gehabt hatte – »bis hin zur Beratung bei der ausländischen Korrespondenz«. Daß er einmal etwas gewesen ist, etwas geleistet hat, gehört heute zu den Dingen, die ihm leben helfen in der absoluten Finsternis. Sein schönster Tag war, als ihn einmal Arbeitskollegen besuchen kamen und ihm sagten: »Der Chef vermißt Dich sehr!« So ist sein Heute angefüllt vom Gestern, und das macht es nicht immer leicht für die anderen, die Hauseltern etwa, die mit dem Heute leben müssen. Frau Scheer gesteht, daß es Augenblicke großer Mutlosigkeit gibt, wenn etwa die Eifersüchteleien im Haus überhand nehmen oder die kleinlichen Streitigkeiten um nichts, wie dies in einer Lebensgemeinschaft von über 70 alten Menschen leicht der Fall ist. Dann aber geschieht es, daß eine Blinde auf sie zukommt und sagt: »Ich hab Sie so lieb«, und alles ist wieder gut. Als Herr Scheer eine Zeitlang anstelle einer Abendandacht ausgewählte Bibelabschnitte vorlas, saß Frau Scheer neben einer alten, gebrechlichen Blinden und hielt ihre Hand. Am Ende der Andacht meinte die Blinde: »Kind, weißt Du, was ich möchte, wenn ich noch einmal sehen könnte? Dann würde ich die Bibel lesen von vorne bis hinten.«

Das sind die Lichtaugenblicke, neben vielen Schattenaugenblicken. Frau Scheer sagt: »Machen wir uns doch nichts vor: Was können wir für diese Menschen schon viel tun? Das sind erwachsene Leute, fertig gebildet mit all ihren Eigenheiten, Stärken und Schwächen; wir können sie nicht umbilden oder umerziehen. Aber wenn wir erreichen, daß sie sagen: Ja, das ist mein Zuhause! – wenn sie nach einem Ausflug oder einem Besuch bei Verwandten wieder zurückkommen und froh sind, hier zu sein – das ist der Lohn für unsere Arbeit.«

Anhang

Blindheit – ein williger Helfer weltweiten Elends

Die Lage:

- 40 Millionen Blinde gibt es heute auf der Erde.
- 80% leben in den Notgebieten Asiens, Afrikas und Lateinamerikas.
- 75% von ihnen hätten vor der Erblindung bewahrt werden können.

Das Problem:

- 80 Menschen erblinden stündlich in der Welt.
- 60 sind Kinder und Jugendliche unter 14 Jahren.
- 30 könnte durch eine einfache Staroperation das Augenlicht wieder zurückgegeben werden.

Die Herausforderung:

- 95% aller blinden Kinder bleiben ohne Schulunterricht.
- 80% aller arbeitsfähigen Blinden sind ohne eigenen Broterwerb und Lebensunterhalt.
- 9 Millionen Blinde leben allein in Indien, davon die meisten vom Straßenbettel.

Augenkrankheiten – die Geißel Asiens und Afrikas

Die Tatsachen:

- 400 Millionen Menschen leiden an Trachom, der »ägyptischen Augenkrankheit«.
- 20 Millionen sind durch die Onchozerkose – die »Flußblindheit« – infiziert.
- 100 000 Kleinkinder erblinden jährlich auf Grund von Vitamin-A-Mangel.

Die Ursachen:

- Unterernährung und schlechte Hygiene (Wassermangel),
- unzureichende Aufklärung und fehlende Medikamente,
- Mangel an Augenärzten, Augenhospitälern und Instrumenten.

Die Folgen:

- In weiten Gebieten Asiens ist jeder vierte blind und jeder zweite augenkrank.
- Viele Dörfer gibt es, beispielsweise in Westafrika, in denen alle Erwachsenen blind sind.
- Allein in Indien leben über drei Millionen heilbare Blinde, die auf eine einfache Staroperation warten.

Unsere Aufgabe: »Heilt die Kranken und predigt den Armen das Evangelium.« (Lukas 10,9)

CBM-Lebenslauf

1908 Gründung des ersten Heimes für Blinde, Taubstumme und Körperbehinderte in der Türkei (Malatia).
1925 Eröffnung der ersten Blindenheimschule in Persien (Täbris).
1948 Bau des Ev. Blindenheimes in Nümbrecht bei Köln.
1955 Tod von Pastor Ernst Christoffel in Isfahan (Iran).
1961 Pastor Siegfried Wiesinger übernimmt die Missionsleitung.
1963 Aufnahme des augenmedizinischen Dienstes im Mittleren Osten.
1967 Arbeitsaufnahme in Indien und Afrika.
1968 Ausbau der CBM-Zentrale in Bensheim.
1970 Beginn der augenmedizinischen Versorgung von Aussätzigen.
1972 Ausweitung auf blindheitsverhütende Kinderspeisungsprogramme und Brunnenbohraktionen.
1973 Wiederaufnahme der Taubstummenfürsorge.
1974 Anfang des orthopädischen Prothesendienstes.
1975 CBM-International wird gegründet. Freundeskreis der CBM organisiert sich in Nordamerika.
1976 Ausbau der Witwen- und Waisennothilfe.
1977 Inangriffnahme der Geistesschwachenfürsorge.

1978 Auch in ihrem 8. Arbeitsjahrzehnt ist die CBM ein überkonfessionell tätiges Hilfswerk christlicher Missionsdiakonie geblieben, das – von Staat und Kirche unabhängig – ausschließlich von den freiwilligen Zuwendungen seines Freundeskreises auch in den achtziger Jahren getragen wird.

CBM – Heute

Heute arbeitet die Christoffel-Blindenmission

- *weltweit* auf rund 500 ständigen Einsatzplätzen in über 80 Armutsländern der Dritten Welt,
- *personell* mit 180 aus Europa und Amerika entsandten Mitarbeitern und rund 1500 farbigen Fachkräften,
- *kooperativ* mit etwa 280 Partnergruppen, davon sind 84 Missionswerke und 61 einheimische Kirchen,
- *finanziell* mit einem Jahresbudget von mehr als 40 Millionen Spendenmark bei einem Verwaltungskostenanteil von vier Prozent.

CBM-Dienstregel

Die Christoffel-Blindenmission versteht sich als

- freie Dienstgemeinschaft von überzeugten Christen verschiedener Glaubensprägung,
- die alle das eine Anliegen verbindet, den vielen unversorgten Behinderten, Kranken und Armen auf der Welt zu helfen, und zwar an Leib, Seele und Geist,
- ohne Ansehen von Rasse und Religion, Alter oder Gebrechen, jedoch stets im Namen und in der Gesinnung Jesu Christi,
- um mit Wort und Tat das Evangelium von Gottes Liebe zu bezeugen und so zur Auferbauung der einheimischen Gemeinden beizutragen.
- Statt im Alleingang zu wirken, stellt sie sich partnerschaftlich in den Dienst der verschiedensten überseeischen Missionswerke und nationalen Kirchen, die als verantwortliche Träger der CBM-Arbeit draußen an Ort und Stelle die Aufsicht führen.
- Die CBM-Armendiakonie versteht sich als Zeugnis des Glaubens, der durch die Liebe tätig ist. Die Tat der Liebe ist die Predigt, die jeder versteht, und die das Feuer entzünden muß.

Die Anschrift der Christoffel-Blindenmission e. V.:
Nibelungenstraße 124, D–6140 Bensheim 4
Tel.: 06251/6043 ‹131–0›
Ihre Konten: Postscheck: Nürnberg 8576–853
Bank: Sparkasse Bensheim 1037001

Inhalt

Siegfried Wiesinger:

Vorwort 5

Marietta Peitz:

Statt einer Einleitung: Zwei Szenen 7

Dreihundert Tage Sonne in der Nacht
Arequipa/Peru 9

Erstes Gebot: Freude!
Kali/Kolumbien 32

Ein Baum mit vielen Zweigen
Tiruchirapalli/Südindien 42

... bis zu den Wurzeln des Übels
Kerala/Südindien 73

Fast eine biblische Plage
Ghana/Afrika 81

Blindheit in Deutschland
Das Beispiel Nümbrecht 108

Anhang

Blindheit – ein williger Helfer weltweiten
Elends 123
CBM-Lebenslauf 125
CBM – Heute 126
CBM – Dienstregel 127
Anschrift und Konten 127